CARLOS PONCE B.

El riesgo es no invertir en Bolsa

CARLOS PONCE B.

El riesgo es no invertir en Bolsa

LID

MADRID | CIUDAD DE MÉXICO | BUENOS AIRES | BOGOTÁ
LONDRES | SHANGHÁI

Biblioteca SNX

Editado por LID Editorial Mexicana
Homero 109, 1404. Ciudad de México, 11570
Tel.+52 (55) 5255-4883
mexico@lidbusinessmedia.com - LIDeditorial.com - LIDlibros.com

A member of BPR

businesspublishersroundtable.com

Primera edición: septiembre de 2009
Segunda edición: junio de 2019
Primera reimpresión: marzo de 2025

ISBN: 978-607-9380-95-3

Editora en México: Elvia Navarro Jurado
Editora de la colección: Helena López-Casares
Diseño de portada: Edgar A. Reyes
Formación: César Caballero Arango

Impreso en México / Printed in Mexico

Para usted, amable lector, que podría seguir desaprovechando,
como ha venido sucedido desde hace muchos años
con millones de mexicanos, la gran oportunidad de construir
un sólido patrimonio a través de una participación
en el mercado accionario en México, principalmente por falta
de información y conocimiento.

«Mil excusas y ninguna buena razón.»
Mark Twain

El año 2008 es y será recordado por muchos por la «gran crisis económica mundial» que se originó en el sistema financiero de Estados Unidos y cuyos síntomas de alivio total en ese país, en indicadores como empleo, tardaron poco más de siete años en recuperarse. Personalmente, recuerdo también aquella fecha por haber escrito mi primer libro titulado *El riesgo es no invertir en Bolsa*, que se publicó un año después, buscando promover la gran oportunidad que el mercado accionario mexicano ofrecía en aquella época.

El interés hacia esa y otras publicaciones posteriores ha justificado la reedición de este libro, pero de manera más ambiciosa, como parte de la **Biblioteca SNX, Constructores de patrimonio,** cuyo primer número es precisamente el que usted tiene hoy en sus manos. Lo complementan dos obras más: *Estudiar, trabajar y ahorrar no es suficiente... ¡Invierte en Bolsa!*, publicado en 2012, y el más reciente: *Además, soy empresario en la Bolsa*, de 2017. Aunque todos orientados a la difusión del mercado accionario, cada uno presenta un enfoque y contenido particular que, le aseguro, enriquecerá mucho su toma de decisiones.

La idea de actualizar las cifras e información original en los libros anteriores parecía indispensable, sin embargo, preferí no hacerlo. Cuando escribo una obra mi objetivo es que sea atemporal, que los capítulos que contiene no sean importantes por las tablas y números que incluye, sino por el mensaje que transmiten y la reflexión a la que invitan, en cualquier momento.

Por otra parte, mantener los libros con su contenido original (introducción y carta de presentación) ofrece al lector no solo una idea del desarrollo profesional del autor y del propio contexto del mercado, sino que comprueba el conocimiento permanente que ofrece esta disciplina en términos de conceptos, estrategias y experiencias. Es también mi manera de agradecer a muchas personas e instituciones con las que he compartido mi desarrollo profesional.

Lamentablemente, no existen muchas publicaciones en México con experiencia local en estos temas. Aunque todas bienvenidas, algunas resultan muy técnicas en lenguaje y contenido y, en consecuencia, son difíciles de entender. Mi reto personal ha sido procurar una comunicación sencilla pero valiosa, buscando no ser repetitivo en cada obra a pesar de que el objetivo es común: promover las ventajas de la inversión bursátil en México.

En la búsqueda de ser congruente conmigo mismo, decidí independizarme. Siempre he dicho que la inversión en la Bolsa puede permitirle a cualquier persona alcanzar proyectos patrimoniales, como el retiro a una edad temprana o iniciar un negocio con independencia financiera. Predicar con el ejemplo es importante y así sucedió. Gracias a Dios, a mi familia y a amigos, como José Luis Ramírez y Alexandro Santillán, ahora socios, fundamos la empresa SNX, Constructores de Patrimonio, una institución que tiene como propósito difundir y participar activamente en el mercado bursátil. Las siglas SNX, son la abreviación de la frase ¡*Sin excusas*! En su logo, la «X» representa un reloj de arena, pues nos parece que la oportunidad o el tiempo es lo más importante. No se necesita una explicación para quien entiende la importancia de tomar decisiones de manera oportuna. Tampoco para quien no desea terminar algún día lamentándose por no haber intentado emprender algún proyecto o actividad.

Actualización

A pesar de no actualizar cifras y textos, me pareció importante poner al día sucesos que enmarcan la nueva edición de este libro y que recomiendo al lector los tenga en cuenta durante su lectura:

Mercado accionario: desde 2009 (publicación original), el Índice de Precios y Cotizaciones (IPyC) acumuló ganancias poco mayores al 100% (a finales de 2008, el índice bursátil se situaba en 22,380 pts.). Pregunte, ¿en cuánto está hoy? Al momento de escribir estos párrafos (marzo de 2018) se situaba en 49,500 pts.

Un portafolio bursátil que publico periódicamente con estrategias no complicadas, que ayudan a una mejor selección y distribución de empresas muy orientadas a la disminución de riesgo, ha registrado una proporción de ganancias promedio 8% superior al avance promedio anual del mismo IPyC. Esto significa que quienes entendieron y atendieron el mensaje de este libro hace casi 10 años, han visto crecer su patrimonio de manera importante, a pesar de episodios complicados a nivel local e internacional (siempre ha sido así y así continuará siendo).

Personal: siempre me ha resultado importante compartir algún aspecto personal con los lectores para evidenciar mi condición de igualdad: mi familia es mi máxima prioridad; me equivoco con frecuencia, pero procuro aprender; no creo que el dinero sea lo más importante; me apasiona mi trabajo; con los años me lastimo con mayor frecuencia haciendo deporte (pero insisto); busco mantener un buen «balance».

Mis citas: sigo acompañando mis presentaciones y publicaciones en distintos medios con citas que reflejan la sabiduría de sus autores. Usted las encontrará al inicio de cada capítulo de este y los demás libros. Se refieren precisamente al contenido de cada uno. Mis amigos enriquecen permanentemente mi colección. Una que me gustó mucho estos días dice: «Mírate en el espejo y encontrarás a la persona que te hará feliz toda la vida».

El entusiasmo: al igual que el mercado accionario en su tendencia histórica y futura, las ganas de compartir y hacer siguen al alza. Mucho hay todavía que realizar para la difusión y promoción de esta alternativa en el país.

Gracias por la oportunidad y adelante con esta lectura y la de los otros libros de nuestra Biblioteca SNX. Estoy seguro será de su interés.

Agradecimiento especial

«Si caminas solo, llegaras más rápido. Si caminas acompañado, llegaras más lejos.»
Proverbio chino

Las palaras «mágicas»: *por favor y gracias.*

Un especial agradecimiento y reconocimiento al Grupo Financiero Actinver, particularmente a Héctor Madero Rivero, Presidente y Director General de dicha institución. Después de una de las mejores pláticas que he tenido sobre la oportunidad y el potencial que el mercado accionario ofrece para los mexicanos y de la necesidad de comunicarlo de manera distinta, resultó evidente nuestro interés por llevar a cabo distintas actividades en conjunto. El enfoque primordial hacia el negocio bursátil de Actinver es solo una de las grandes diferencias y virtudes de este gran grupo y de Héctor.

Carlos Ponce Bustos

Gracias a la explosión de la tecnología de información y a su democratización, México ha sufrido una gran transformación en las últimas tres décadas. La hemos visto prácticamente en todos los frentes, incidiendo en lo social, incluyendo efectos en lo económico y, por supuesto, afectando también el aspecto político. La interrelación entre estos ámbitos ha hecho que se generen adicionalmente otras adecuaciones, en particular en los usos y costumbres de la sociedad. En solo unos años vemos formas muy distintas en la manera en la que se relacionan las personas entre sí. Vemos también cómo los trabajadores y los empresarios tienen maneras diferentes de abordar su quehacer laboral, lo cual se manifiesta en la necesidad de presencia física en el lugar de trabajo y en las herramientas que usan para efectuarlo. El esparcimiento ha migrado también, la era de la información inmediata y la cultura de satisfactores de muy corto plazo han producido un crecimiento en la movilidad de la gente y una diversificación en las actividades recreativas.

Desafortunadamente, no podemos decir lo mismo en cuanto a la manera en que la gente administra sus recursos financieros.

El sistema financiero también ha cambiado. Ha adoptado la tecnología como un aliado en aras de alcanzar mayor eficiencia y también como una base para ofrecer mejores servicios a sus clientes. Pero los cambios de los inversionistas han sido menores. Si bien ha habido algún grado de transformación, es doloroso aceptar que, en el frente de inversiones y servicios financieros, falta mucho para que podamos decir que aquí también ha ocurrido una democratización.

Nuestro país sigue siendo una economía donde hay un sector informal extraordinariamente grande; la población, por ende, se encuentra subbancarizada. Ni qué decir de servicios más «sofisticados», como instrumentos de inversión, donde aún hoy en día el nivel más complejo que suele considerarse es el de un fondo de inversión. Invertir en el mercado de deuda, en capitales, *commodities*, instrumentos estructurados, etcétera, pareciera todavía un universo lejano para el ciudadano común.

Estos primeros instrumentos, los fondos de inversión, han sido una herramienta extraordinaria en la evolución de los sistemas financieros internacionales. En México han tenido un crecimiento muy importante, pero no han llegado a ser el detonante que otras economías han aprovechado. Sí, las Afores y los sistemas de pensiones han puesto su granito de arena, pero en el gran contexto, es solo eso, un granito. Los demás instrumentos son opciones que un ciudadano promedio considera lejos de su alcance, pero si comparamos la penetración de estos y el tamaño de los mercados con el tamaño de la economía y de la población, es claro que hay mucho espacio para aprovechar.

Esto último es válido para ambas partes. Para las instituciones financieras existen vetas de negocio que deberían crecer explosivamente en el futuro cercano; y los inversionistas, sean empresas o personas físicas, podrían aprovechar una gama más amplia de instrumentos que les permitan obtener mejores rendimientos con un perfil de riesgo adecuado, u obtener financiamientos con costos mucho más competitivos.

¿Qué es lo que falta? ¿Cómo podemos hacer para que nuestro sistema financiero se desarrolle a la par de su potencial? Creo, sin miedo a equivocarme, que la solución es sencilla: educación.

Necesitamos más cultura financiera y conocimiento de los mercados entre los inversionistas individuales, a fin de que puedan considerar opciones de inversión más allá de un pagaré a plazo. Es necesario crear conciencia entre empresarios y emprendedores de que las opciones de financiamiento para las compañías son más diversas que un crédito bancario. Unir la necesidad de ahorro e inversión de las personas físicas con la necesidad de financiamiento de las empresas es, finalmente, cerrar el círculo que permitirá un desarrollo sano y armonioso del mercado.

Por supuesto, ver más allá de la «tasa libre de riesgo» para un inversionista individual requiere primero conocer sus opciones, entender cómo funcionan, y estudiar su operación y métodos para poder adquirirlas.

Llama la atención el desconocimiento sobre el mercado de capitales. Usualmente se le concibe como un espacio para especular o apostar, y no como un lugar en donde podemos comprar una proporción de empresas de acuerdo con lo que pensamos, como inversionistas, que será un buen negocio en el futuro. Al final del día es un mercado tal como el de la esquina, sujeto a las leyes de oferta y demanda y a los cambios en el entorno económico. Asimismo, tenemos que entender que, al convertirnos en dueños de una parte de la empresa que elegimos, tenemos la misma clase de derechos que los grandes socios, y también estamos al final de la fila en cuanto a las obligaciones comerciales, laborales, financieras y fiscales de «nuestra» empresa. Asumiendo que estos riesgos suponen un mayor rendimiento, tenemos que medirlos y decidir cuánto de nuestro dinero puede colocarse en este tipo de inversiones y cuánto en opciones menos volátiles. Conocer la teoría para construir un portafolio de inversión es útil aquí y nos ayudará a no encasillarnos en un solo tipo de activo, como el pagaré a plazo antes citado.

Carlos Ponce ha sido un promotor de las bondades de los mercados financieros desde hace muchos años pero, sobre todo, ha sido un impulsor de la cultura financiera en México. Lo ha hecho a través de su labor diaria como analista, mediante la publicación de un buen número de libros y también en su participación como docente en la máxima casa de estudios de nuestro país. Con él comparto el optimismo y entusiasmo sobre el futuro de los mercados financieros en México y, sobre todo, la visión de que es con educación con lo que verdaderamente lograremos avanzar hacia un sector financiero desarrollado en congruencia con su potencial. Es natural que la evolución de nuestra población y de la economía nos lleven de la mano hacia una mayor integración de la actividad productiva, regulación e inversión. Eso sí, aquellos que mejor lograrán aprovechar estas oportunidades serán quienes tengan un conocimiento, al menos básico, de cómo funcionan los mercados, qué ofrece cada tipo de instrumento de inversión y cómo balancear nuestras decisiones de inversión y financiamiento en un entorno dividido entre riesgo y rendimiento.

Estoy seguro de que sorprenderá y agradará nuestra alianza con SNX, Constructores de Patrimonio, que va más allá de esta biblioteca, porque tiene que ver con una forma de comunicar, actuar y servir con la que Actinver comulga, promueve, cree y, por lo tanto, apoya. Estoy seguro de que servirá de ejemplo para que se sumen mayores instituciones. ¡Ayudemos a las personas, mejoremos la industria, hagamos un mejor país!

Héctor Madero Rivero
Presidente de Grupo Financiero Actinver

Índice

Prólogo

El riesgo es no invertir en Bolsa es una contribución más de Carlos Ponce al desarrollo del mercado de valores de nuestro país y, por qué no, una aportación adicional a la creación de patrimonios para los participantes en este apasionante ámbito.

Los mercados financieros mundiales han experimentado en los últimos meses los días más aciagos de que se tenga memoria en los últimos cien años. Para nosotros, en México, es tal vez la única crisis financiera y económica que no nos hemos provocado nosotros mismos. Y es quizá por ello la más difícil de entender y una de las más complejas a superar.

Hemos sido, y seguimos siendo, testigos de un cambio muy profundo en el «mapa» financiero mundial. En Estados Unidos hemos visto colapsarse y debilitarse a los otrora titanes de la industria financiera (Citicorp, Lehman Brothers, Wachovia, Bear Stearns, AIG, sólo por citar algunos).

Asimismo, hemos presenciado la quiebra de la compañía automotriz más grande y poderosa del globo (General Motors), aquella de la que solía decirse: «Lo que es bueno para General Motors es bueno para Estados Unidos...».

Los paíes europeos, a través de sus distintos bancos centrales, han debido invertir en sus diferentes instituciones bancarias para preservar sus capitales y viabilidad futura. Es hoy, por ejemplo, el Central de Inglaterra accionista principal y mayoritario del poderoso Barclays.

Siendo ésta la tercera entrega de Carlos, insisto, como una aportación más al mercado de valores, no pasó desapercibido para el autor el riesgo de «repetirse» en algunos conceptos. Por ello, una vez más su ingenio y creatividad se hacen presentes al aportar al lector «20 lecciones sobre la crisis» y, lo que es más importante, cómo mitigar el riesgo de caer nuevamente en los errores cometidos durante los años de bonanza. Que ni duda cabe que se cometieron un buen número de ellos en el pasado, pero fueron diluidos por el gran crecimiento en los precios de las acciones, casi generalizado, durante los últimos cinco años.

Es así como el contenido de esta obra tiene, en mi opinión, tres principales vertientes: Primero, las lecciones que un experto en la materia encuentra importantes de revisar, de reaprender y de interiorizar y, sobre todo y más importante, de compartir.

Dice, y dice bien, que cuidar el riesgo es lo primero, lo segundo y lo tercero. Sostiene también que no hay que estereotipar ciertas «máximas» del mercado, como aquella que afirma «que el largo plazo es sinónimo de inamovilidad», o que «los mercados siempre se adelantan y descuentan los acontecimientos futuros».

El lector encontrará en estas lecciones, de manera sencilla y fácil de comprender, los fundamentos y reflexiones que desmitifican la inversión en Bolsa, y que por su claridad y «sentido común» ponen en evidencia una y otra vez las razones que hacen peligroso para una persona que busca construir y consolidar un patrimonio no invertir en Bolsa.

Es en mi opinión igualmente enriquecedora la lectura y comprensión de «Los otros temas» tratados en este libro, segunda vertiente que aborda el autor con gran claridad y que devela, entre otros asuntos, el de la comprensión del rompecabezas bursátil, la importancia de la disciplina al invertir, la conformación de portafolios para cada persona de acuerdo con sus necesidades, perfil, apetito de riesgo y tolerancia a la volatilidad, entre otros.

Termina con una tercera vía que evidencia con datos duros, estadísticos, que en el largo plazo el inversionista corre un riesgo incalculable al no invertir en Bolsa. Además nos muestra con sencillez todo tipo de comparativos entre diferentes opciones de inversión, en la que concluye de manera lapidaria que no hay mejor inversión que la Bolsa, claro, si se aprenden las lecciones que con gran generosidad comparte con sus lectores.

Sea bienvenida entonces esta nueva obra, una más que espero contribuya al desarrollo del mercado de capitales de nuestro país.

Javier Molinar Horcasitas

Introducción

«La experiencia no consiste en lo que se ha vivido, sino en lo que se ha reflexionado».
José María de Pereda

¿Esperar otros 30 años?

Han pasado ya casi dos años desde que compartí un segundo proyecto de difusión general sobre la que considero la realidad de la inversión en el mercado accionario mexicano.

En aquel momento supuse que la mayor parte de los conocimientos y experiencias acumuladas por más de 27 años en el andar bursátil, habían sido plasmadas y compartidas y pensé: «¡Compromiso cumplido!» Y tal vez así fue, pero entonces llegó la crisis de 2008, la primera que no se originó de manera interna, llena de catastrofistas, de comparaciones injustas y sentencias que anticipaban una condición muy desfavorable para el mundo por muchos años, y con ella, una vez más, las descalificaciones y la satanización del mercado bursátil.

Regresaron así las muy desafortunadas historias de participantes que habían «perdido» mucho dinero en el mercado accionario en aquellos meses y quienes se encargaron de recordarle a familiares, amigos, conocidos y hasta desconocidos cercanos o lejanos de lo extremadamente peligroso que les había resultado invertir en el mercado accionario, «un mercado de suerte y de apuestas, sólo apto para conocedores e inversionistas con mucho dinero».

¡Sí, esa visión y mala experiencia existió, **pero no fue generalizada**! Algunos salimos bien librados, muy a tiempo, con excelentes resultados acumulados de buenas épocas anteriores y de la última experiencia bursátil, pero sobre todo quedamos listos para aprovechar el siguiente buen momento de una nueva alza que seguramente sería muy fuerte. A final de cuentas, todo lo sucedido en aquellos meses de 2008 sirvió solamente para confirmar lo expuesto en otras ocasiones por el que esto escribe: «Invertir con **éxito** en Bolsa requiere de conocimiento básicos, de metodologías y/o procesos integrales de inversión y de mucha disciplina, entendiendo escenarios mayores a tres años…» Por cierto, tampoco es verdad eso de los requerimientos de montos excesivos para acceder al mercado bursátil, existen sociedades de inversión común en México que permiten participar con $5.000,00 pesos.

Este nuevo propósito, en forma de libro, de difusión sobre el mercado bursátil en el que usted ha decidido participar como receptor, invita a una reflexión conjunta y sencilla sobre muchas de las lecciones aprendidas que me atrevo a compartir sobre los difíciles meses en Bolsa que vivimos en 2008 y a comienzos de 2009 (cuando terminé de escribir este documento) y de la que será recordada como «La crisis de 2008».

No pretendo de ninguna manera hacer el papel de «gran conocedor» del mercado accionario en México, de ser el dueño de la verdad absoluta o de jactarme de haber sido el único que logró buenos resultados en Bolsa durante la crisis de 2008. Asumo simplemente la responsabilidad de compartir ideas y experiencias que considero nos corresponde a todos aquellos quienes tenemos la gran fortuna de desarrollarnos en actividades que nos apasionan, que agradecemos la oportunidad de convivir diariamente con profesionales serios y dedicados que conforman extraordinarios equipos de trabajo y que reflejamos el espíritu de instituciones respetuosas y comprometidas.

El libro ocupa sus primeros capítulos en impartir las **Lecciones** que nos legó la crisis, como por ejemplo reconocer que las malas noticias no las descuenta el mercado accionario al 100%, o descubrir cómo un buen análisis no garantiza necesariamente una buena estrategia, o de lo falso que resulta suponer que una caída en precio hace «más barata» una acción. Algunos apartados contienen reflexiones breves y otros requirieron de un mayor espacio para transmitir, creo yo, de mejor forma cada lección.

Así, este documento, a diferencia de proyectos anteriores, deberá resultar menos «técnico» y «pesado», será más dialogado, ameno (espero) y ligero, pero no por eso menos importante.

Incluye una sección de **Los otros temas** donde el lector encontrará un breve test o examen que le recomiendo realizar de manera honesta para evaluar la forma en que participa en Bolsa. Contiene también una apreciación personal de cómo entender mejor la correlación de distintos asuntos del campo bursátil («Rompecabezas bursátil»); los detalles y una metodología integral propuesta desde hace muchos años conocida como C3, la cual volvió a funcionar muy bien en los meses de crisis. Así como algunas formas de análisis que le resultarán útiles en toda ocasión, además de mencionar los nuevos instrumentos y vehículos en materia de inversión en México que de manera sencilla permiten ganar en el mercado accionario, independientemente de la dirección del mismo.

El libro finaliza con un apartado de **Estadísticas** con cifras y datos interesantes y apocalípticos para quienes entendemos a las crisis como parte de ciclos económicos y de escenarios de mercados financieros que han sucedido y que seguirán sucediendo siempre.

Pero lo más importante es que estas reflexiones le servirán para convencerse de que **el mayor riesgo que usted tendrá hoy y siempre es el de no invertir en el mercado accionario**.

Para quien pudo tener un poco de liquidez (dinero) y entiende de verdad lo que significa un enfoque a largo plazo, es cierto que, como pocas veces en la historia, la Bolsa mexicana presentaba al inicio de 2009 condiciones de oportunidad no vistas en generaciones. Aunque siempre es un buen momento para invertir, si usted decidió NO hacerlo al inicio de 2009, tendrá que esperar por lo menos treinta años para que una nueva crisis abra la ventana de una «gran oportunidad».

Este texto fue concluido en abril de 2009. Para cuando usted lo lea, no podría yo garantizarle que una parte importante de esta oportunidad ya haya sido reconocida en los precios de muchas acciones o si la crisis todavía continúe. Sin embargo, las reflexiones aquí compartidas, le resultarán igualmente útiles en cualquier momento. **Téngalo siempre a la mano y/o guárdelo para la siguiente «tormenta perfecta».**

Retomando la idea de que las crisis económicas y de mercados forman parte de ciclos permanentes de mayor o menor intensidad (en magnitud y tiempo), y sin querer minimizar en absoluto la difícil coyuntura de inicios de 2009, la historia nos ha demostrado que después de un movimiento de corrección importante en los mercados accionarios los «regresos» son también esenciales.

A continuación, el cuadro 1 nos recuerda la magnitud y duración de las caídas más importantes en los últimos cincuenta años en la Bolsa de EUA (Standar & Poor' —S&P— 500), la de mayor influencia durante la crisis de 2008. Sobre todo, consideré la fuerza de los retornos (recuperación en precios) una vez concluidas. Conscientes de las distintas características de cada movimiento a la baja (crisis), en las últimas cinco décadas el promedio de caídas del S&P 500 duraron trece meses con una magnitud de -28,0% y con **retornos promedios en 6, 12 y 24 meses tras concluir la baja de 21, 0, 30, 3 y 39,6%.**

La caída del año 2008 acumuló casi 50% en doce meses, al tiempo que nuestro indicador bursátil alcanzó sus valuaciones (múltiplo FV/Ebitda) mínimas de 17 años (ver sección de «Estadísticas»).

Cuadro 1. Movimientos de baja en el S&P 500 (EUA) y regresos

Comienza la baja	Variación en %	Duración en meses	Retorno en tres meses	Retorno en seis meses	Retorno en doce meses	Retorno en dos años
1 de julio 1956	-19,0%	17	5,3%	13,1%	38,1%	49,8%
12 de diciembre 1961	-24,6%	6	2,8%	15,3%	26,7%	5,9%
18 de enero 1966	-22,1%	9	4,9%	17.8%	26,3%	34,1%
14 de noviembre 1968	-36,1%	19	15,8%	26,7%	37,1%	47,3%
11 de enero 1973	-48,2%	21	7,9%	31,2%	32,0%	65,6%
21 de septiembre 1976	-19,4%	18	11,7%	18,7%	10,6%	31,0%
13 de febrero 1980	-17,1%	1	11,9%	22,9%	33,2%	40,7%
28 de noviembre 1980	-27,1%	21	11,2%	35,7%	51,8%	50,2%
25 de agosto 1987	-33,5%	3	16,3%	13,8%	18,8%	37,7%
16 de julio 1990	-19,9%	3	13,1%	23,5%	29,1%	58,5%
17 de julio 1998	-19,3%	2	21,5%	29,3%	37,9%	36,7%
24 de marzo 2000	-49,1%	31	7,9%	4,0%	22,2%	17,7%
Promedio	**-28,0%**	**13**	**10,9%**	**21,0%**	**30,3%**	**39,6%**
Mediana	**-23,4%**	**13**	**11,5%**	**20,8%**	**30,6%**	**39,2%**
9 de octubre 202007	**-42,0%***	**12**				

Nota: mercado bajista se define como una corrección del 15% desde su punto más alto.

Datos basados en los precios de cierre de cada día.

* Al 15 de octubre de 2008.

Recuerde bien que la crisis no inició en 2009, para ese entonces había acumulados más de trece meses de recesión económica con una serie de acciones y esfuerzos internacionales concertados a nivel mundial nunca antes vistos en términos de bajas en tasas de interés, rescates a sectores importantes, planes de estímulos fiscales, proyectos de infraestructura, etc., los cuales sin duda terminarán por dar buenos resultados.

Es preciso insistir en que este libro no pretende analizar de manera puntual aspectos fundamentales o económicos en el contexto de la crisis de 2008, es una recopilación de experiencias y reflexiones que espero sirvan a todos los lectores. Termino esta sección introductoria comentando dos asuntos:

1. Expresando una breve opinión personal sobre la **suerte**.
2. Compartiendo una muy relevante cita de Albert Einstein sobre los momentos de **crisis**.

Sobre la suerte

Siempre me ha parecido importante identificarme como autor ante los lectores pues considero que es la mejor manera de transmitir **confianza**, condición indispensable e importantísima cuando alguien pretende emitir una opinión o consejo con la mejor intención.

En esta ocasión, pretendo identificarme con usted compartiendo mi punto de vista sobre la suerte, esta característica que, como antes mencioné, muchas personas asocian con la inversión bursátil.

Mi número de la suerte es el tres (**3**), nací un día **3,** en el año 196**3**. Somos **3** hermanos (Carlos, Judy y Vin) y tengo **3** hijos (Marthita María, Charly y Bruno). Me casé en 199**3**, mis mejores resultados en competencias deportivas han sido portando un **3** o múltiplos del mismo. Éste es mi libro número **3** sobre la especialidad bursátil, lo que lo hace también especial para mí. ¡Sí creo en la suerte! Pero al igual que otros, he descubierto que entre más duro se trabaja más suerte se tiene.

Sobre la crisis (cita de Albert Einstein)

> No pretendamos que las cosas cambien si siempre hacemos lo mismo: La crisis es la mejor bendición que puede sucederle a personas y países, porque ésta trae consigo progresos. La creatividad nace de la angustia como el día nace de la noche oscura. Es en la crisis que nace la inventiva, los descubrimientos y las grandes estrategias. Quien la supera se supera a sí mismo sin quedar superado. Quien atribuye a la crisis sus fracasos y penurias violenta a su propio talento y respeta más a los problemas que a las soluciones. La verdadera crisis es la de la incompetencia. El problema de las personas y los países es la pereza para encontrar las salidas y las soluciones. Sin crisis no hay desafíos, sin éstas no hay méritos. Es en ella donde aflora lo mejor de cada uno, porque sin crisis todo viento es caricia. Hablar de crisis es promoverla, y callar en ella es exaltar el conformismo. En vez de esto trabajemos duro. Acabemos de una vez con la única crisis amenazadora que es la tragedia de no querer luchar por superarla.

Carlos Ponce Bustos

Las lecciones

1

Cuidar el riesgo es lo primero, lo segundo y lo tercero

«No des la felicidad de muchos años
por el riesgo de una hora».

Tito Livio

Sin duda, ésta deberá ser **siempre** la lección más importante que nos recordará la crisis de 2008 y parte de 2009.

La **clave del éxito** en el mercado accionario radica en **priorizar siempre** el riesgo sobre el rendimiento. Estas dos variables (riesgo y rendimiento) conviven permanentemente en el proceso de toma de decisiones aunque no siempre en ese orden.

Estoy convencido de lo anterior porque lo he podido constatar una y otra vez en una infinidad de entrevistas, conferencias y reuniones en las que he participado con muchos inversionistas de distintos tamaños que estuvieron en la Bolsa en distintas crisis.

Absolutamente **todas** las malas experiencias que la mayoría de ellos manifestó estuvieron relacionadas con haber asumido algún tipo de riesgo de manera consciente y otras tantas de forma inconsciente.

Si usted invierte en Bolsa por querer ganar más y éste se vuelve su único o más importante propósito, tarde o temprano asumirá riesgos y entonces vendrán los problemas.

Los peligros al participar en Bolsa se asumen por lo general en tres distintas fases:

1. En la selección de valores (acciones) cuando se construye un portafolio.
2. En la distribución (diversificación) del portafolio, es decir, en cuántas acciones se tienen que comprar y qué proporción de cada una elegir con objeto de competir correctamente contra el propio comportamiento del Índice de Precios y Cotizaciones, el parámetro a vencer (*Benchmark*) de todos aquellos que deciden participar en el mercado accionario mexicano.
3. Finalmente, en el momento (*Timing*) de decidir cuándo comprará o venderá dichas acciones.

Recuerde dos cosas:

1. No todos los inversionistas en Bolsa asumen necesariamente un **mismo riesgo** sólo por el hecho de participar en dicho mercado accionario (ver Lección 6).
2. Las formas de medir y disminuir el riesgo son mucho más sencillas de lo que usted se imagina.

2

Aquí se aprende por las buenas o por las malas

> «Sólo una cosa es más dolorosa que aprender de la experiencia, y es no aprender de la experiencia».
>
> Ludwig Börne

¡Volvió a suceder! Después de un extraordinario periodo de cuatro años (2003-2006) en el cual el Índice de Precios y Cotizaciones (IPyC) en México promedió ganancias nominales anuales de 40,0%, muchas personas buscaron a toda costa participar en esta alternativa de inversión. ¿Quién querría dejar pasar una inversión que pagaba casi cinco veces más que una tasa de interés en México?

Fue así como mucha gente (al igual que en otras épocas parecidas) decidió invertir en Bolsa con la idea de que el mercado accionario mantendría aquel ritmo de avance, ¡de grandes avances!

A pesar, me consta, de que muchos asesores y analistas explicaron y alertaron a inversionistas sobre los ciclos de mercado, de lo difícil que resultaba que el índice bursátil mantuviera una alza permanente, de lo conveniente de entender dicha alternativa a largo plazo, esto es, un periodo no menor a tres años; muchas de estas personas mantuvieron en mente un solo objetivo: ¡Mayores rendimientos!

Los famosos cuestionarios tipo «diagnósticos» diseñados a partir de objetivos de inversión, horizontes del mismo y aversión al riesgo con objeto de determinar el perfil de inversión muy particular de cada participante estuvieron de más. Muchos nuevos inversionistas «llenaban» sus cuestionarios, pero en realidad les resultaban poco importantes.

No fue sino hasta después de varios meses, cuando la crisis internacional fue anticipada por el comportamiento de los mercados financieros con un cambio de tendencia a la baja, que los apostadores entendieron lo que habían hecho: invertir algún ahorro cuyo horizonte de inversión y objetivo no correspondía a la Bolsa. Es a partir de estas malas experiencias como uno descubre que saber medir los riesgos es importante. A aquella difícil situación se sumaron las fuertes minusvalías de «estrategias» en Bolsa poco metodológicas, poco integrales y ajenas al cuidado del riesgo.

Algunas de las sociedades de inversión común, también conocidas como fondos de renta variable, que en años anteriores habían ofrecido altos rendimientos, veían perder prácticamente todo lo ganado.

Al final hubo ganadores y perdedores, y es así como esta segunda lección complementa a la primera en términos de la experiencia y que deberá servir para recordar que existen dos formas de descubrir la manera correcta de invertir en Bolsa: por las buenas, con resultados favorables, y por las malas... Es decir, cuando detrás de las minusvalías en Bolsa se descubre que la selección de emisoras no se hizo con criterios fundamentales, que concentrarse en un número reducido de emisoras es sinónimo de riesgo o que el mercado no atiende únicamente aspectos fundamentales y por ello siempre es bueno complementar decisiones con herramientas que permitan **reaccionar** de manera oportuna a cualquier posible cambio de tendencia en el mercado.

3

Las crisis sirven para «limpiar» a los mercados

«En las grandes crisis, el corazón se rompe o se curte».
Honoré de Balzac

Ésta, más que una lección, es una «ley natural».

Son muchos los ejemplos relacionados con esta ley, desde pasajes bíblicos, como el episodio del Arca de Noé, hasta la historia del mundo a través de distintas eras, o la propia naturaleza del planeta expresada una y otra vez en cada estación del año.

Recuerdo bien cómo al inicio de la crisis de 2008 muchos actores importantes (congresistas, empresarios, gobiernos, líderes sindicales, instituciones, etc.) cuestionaban y criticaban toda propuesta de rescate (en Estados Unidos al sistema financiero, a las armadoras de autos y hasta a los propios tenedores de hipotecas), señalando que «tenían que pagar».

Detrás de las causas de la crisis se develaban semana tras semana abusos, fraudes, falta de controles y regulación que de ninguna manera podían ser premiados. Muchos ciudadanos en el mundo se sumaron a esta idea de castigar a los culpables.

Al final, la decisión en muchos casos fue la de ayudar y rescatar, justificando estas acciones como medidas que de no llevarse a cabo podrían traer peores consecuencias.

En el mercado accionario la historia fue un poco distinta. No hubo rescates específicos para participantes. Cada quien tuvo que «rascarse con sus propias uñas» y entender que en el pecado se había llevado la penitencia.

Aquellos participantes que unos meses antes habían decidido apostar en Bolsa motivados por la evidencia de fuertes rendimientos (ganancias), descubrieron de pronto que en realidad no tenían el perfil para invertir en el mercado accionario, esto es, no estaban dispuestos a permanecer en un plazo de más de tres años, no habían destinado proporciones (cantidades) de las cuales pudieran no disponer y no entendían el porqué de los movimientos, o simplemente no dormían pensando en que podían perder algo (eran muy poco adversos al riesgo).

Existió también otro tipo de participantes que meses antes habían logrado «ganar bien» en Bolsa con decisiones especulativas de corto plazo («cada vez que llega a 26.000 puntos, sube... es cuando se tiene que comprar»). Cuando vino el movimiento fuerte a la baja siguieron tomando una mala decisión tras otra. De manera lamentable, muchos decidieron convertir sus minusvalías en pérdidas saliendo del mercado.

Fue así como el ámbito accionario se «limpió» de participantes que en épocas de crisis descubrieron que en realidad no tenían el perfil.

¿Cómo evitarlo?

Desde hace algunos años, los inversionistas en Bolsa están obligados a participar previamente en un diagnóstico que llevan a cabo los asesores a través de encuestas y entrevistas para identificar el perfil del participante. Se requiere ser muy honesto y reflexivo en este proceso y no tomarlo como un simple trámite burocrático.

4

Invertir desde hace tiempo no garantiza el éxito

«Aprender sin pensar es inútil.
Pensar sin aprender, peligroso».
Confucio

Muy relacionada y para complementar de la lección anterior, la expresada en este capítulo es resultado de la recurrencia con la que muchos participantes repiten errores cometidos en el pasado.

La aparente poca memoria que caracteriza a nuestro género, lo cual ha sido demostrado por innumerables y conocidos experimentos en los que el ser humano es considerado el único «animal» que repite sus errores (tropezar con la misma piedra), no debe excusar dicho comportamiento y mucho menos cuando se trata de inversión en Bolsa.

En más de 28 años de convivencia permanente con distintos tipos de inversionistas en el mercado accionario mexicano he visto a muchos de ellos presentarse como «conocedores», con mucha «experiencia», como si mucho tiempo en el ambiente bursátil fuera en automático garantía de éxito en la toma de decisiones.

Aunque algunos logran capitalizar ciertas experiencias, la realidad es que la mayoría no implementa o documenta éstas de manera eficiente a través de sistemas o procesos de inversión con mejora permanente.

Cuando he preguntado sobre procesos y metodologías de inversión a individuos que llevan muchos años participando en Bolsa, la mayoría reconoce que no los tiene.

Al momento de cuestionar sobre los resultados que han tenido en diferentes épocas, particularmente en tiempos de crisis, las respuestas se vuelven aún más evasivas.

Respetuoso siempre de formas y estilos de invertir, las reflexiones aquí expresadas no pretenden evidenciar a nadie (sería un grave error), sino invitar a una mejor forma de participar en Bolsa. Por favor considere la sección del «Test de Bolsa para principiantes... y avanzados» al final del libro.

Y es que sin una forma correcta de participar en Bolsa, de poco sirve el tiempo que hayamos estado en este mercado. Yo comparo esta situación con la de un deportista que practica de manera equivocada su actividad.

El nadador, corredor o ciclista que ejercita por mucho tiempo su disciplina pero lo hace de la manera incorrecta, con una mala técnica, termina siempre sin dar su mejor resultado o lastimándose en vez de lograr avances.

¿Ha visto jugar alguna vez a Shaquille O´Neal, tremendo basquetbolista profesional de la NBA, quien se desempeña como centro del equipo Soles de Phoenix? Inició en la liga en 1992, su estadística es de 18,1 puntos, 8,6 rebotes y 1,7 asistencias por partido, y sin embargo, es tal vez el peor anotador de tiros libres. ¡Su técnica es malísima! Entre más entrene de la manera equivocada menor posibilidad tendrá de mejorar.

Al igual que otras muchas actividades, la práctica de inversión en Bolsa requiere método, proceso y una mejora continua de los mismos.

5

No sólo son los fundamentos

«Es más fácil negar las cosas que enterarse de ellas».
Mariano José de Larra

A estas fechas ya es bien sabido que la crisis de 2008 inició en Estados Unidos con el problema del no pago de hipotecas que a su vez se relacionó con la desatención a las muy flexibles políticas de otorgamiento de crédito años atrás. Aunque esto ahora es historia, recordemos algo de lo que se dijo y explicó sobre el inicio del problema para evidenciar así lo «fácil» que resulta entender el comportamiento de los mercados asociado con estos acontecimientos. Este recordatorio nos servirá para entender que los aspectos más visibles y en apariencia fundamentales no son los únicos detonadores de una crisis como la que nos ocupa y que muchas veces los más importantes se ocultan detrás del comportamiento de un mercado.

El origen de la crisis

Durante muchos años (hasta finales de 2001), el valor de los inmuebles en Estados Unidos subió desproporcionadamente (*boom* y burbuja inmobiliaria), y fueron influenciados a su vez por un nivel muy bajo en las tasas de interés (1,0%), lo que propició un importante descuido (relajamiento) en los criterios para el otorgamiento de préstamos (se necesitaban compensar los menores ingresos del margen financiero de una tasa baja con un mayor volumen).

Para poder prestar más, los bancos agruparon créditos hipotecarios con otros instrumentos financieros llamados bonos respaldados por hipotecas, los cuales se vendían en los mercados financieros a otros bancos, fondos de pensiones, aseguradoras e inversionistas en **todo el mundo**.

La parte medular del problema surgió cuando los precios de las propiedades dejaron de subir e incluso disminuyeron. Esto ocurrió porque un grupo de individuos con hipotecas situados en la categoría *subprime* (individuos con mayor riesgo crediticio) dejaron de pagar. Esto sucedió porque en el momento de «relajación» de los criterios para otorgar préstamos algunos bancos omitieron el enganche (prima inicial) para la compra de casas, prestaron el 100% del valor de la propiedad y/o incluso lo otorgaron a personas que no tenían ingresos, empleo o activos para dejar en garantía (que es lo que se conoce como crédito ninja, *Not Income, Not Job or Assets*).

En el momento en el que los sujetos de crédito no pagaban iban afectando el precio de su propiedad y en automático el valor de mercado de otras propiedades similares (al igual que las acciones). Cuando bajó el valor de éstas, muchas personas se dieron cuenta que debían más dinero al banco que lo que valía su inmueble. Por lo tanto, dejaron de pagar sus créditos hipotecarios (*Credit Crunch*). Los propietarios de estas deudas (los dueños de los bonos) entraron en pánico y empezaron a venderlos. Esto causó una estampida de la oferta de los mismos. De un valor normal de $100 dólares, se llegaron a vender en $35.

Los tenedores de bonos (bancos, aseguradoras, etc.) tienen la obligación de valuarlos en su contabilidad al valor en que se operan en el mercado, por lo que tras haberlos comprado en $100 dólares y tener que valuarlos a precios muy inferiores la diferencia resultante les generó pérdidas millonarias que reflejaron en sus estados de resultados, y al no poder conseguir más capital quebraron, como en el caso de Lehman Brother, un banco con 158 años de existencia que se acogió al capítulo 11 el 15 de septiembre de 2008, en lo que representó la más grande quiebra estadounidense (equivalente a $158.000,00 millones de dólares). El problema creció en tal forma que llegó a afectar a bancos que no tenían dichos bonos.

Entre bancos, diariamente se prestan dinero para financiar sus créditos y sus operaciones. Con la incertidumbre sobre el resultado de la crisis, estas instituciones aumentaron el costo (tasas de interés) por prestarse entre ellos (dejaron de tenerse confianza), con lo que se propició una de las mayores quiebras a nivel mundial.

La restricción de crédito que originó el proceso antes descrito redujo significativamente el nivel de compras en Estados Unidos, acostumbrado a «moverse» a través del crédito (80% de su consumo es interno). Sin consumo, los resultados (ventas y utilidades) de diversos sectores disminuyeron y se vieron obligados a reducir gastos para sobrevivir. Es por eso que las empresas despidieron personal, como una estrategia de reducción inmediata de costos, lo que generó entonces nuevo menor consumo: sin trabajo no hay dinero y sin dinero no hay consumo.

¿Cómo es que se «infectan» y se generaliza el menor valor de otras propiedades? Imagine usted que existe un fraccionamiento muy exclusivo de 100 casas residenciales con un valor promedio de 10 millones de pesos. Pero sucede que 6,0% de éstas pertenecen a individuos con un perfil de crédito hipotecario no apto (*ninjas*). En algún momento, cualesquiera de ellos comienza a tener problemas para pagar el crédito de su propiedad y tiene que venderla. Comienza entonces un proceso de disminución de valor que afecta en automático el de todas las demás construcciones. Si alguien ofrece su inmueble en 6 millones de pesos, entonces el valor de todas las demás en promedio ya no será de $10.

La «delgada» línea entre lo fundamental, lo estructural, lo psicológico y lo técnico

Hasta aquí se ha explicado gran parte de lo **fundamental** del origen de la baja y fuerte volatilidad de los mercados financieros del mundo y en particular de los mercados accionarios en 2008 e inicios del 2009. Sin embargo, a partir de estos fenómenos fundamentales se derivan otros de tipo estructural, psicológico y técnico que siempre han tenido también importantes implicaciones en el comportamiento bursátil.

Un evento de tipo estructural que acentuó la caída en el precio de las acciones desde 2007 fue la pérdida del valor de las garantías en las cauciones bursátiles (préstamos respaldados por el valor de mercado de las acciones que al momento de caer requieren mayores garantías, generando una mayor venta de acciones).

En el caso del impacto psicológico, recordemos por ejemplo que en Estados Unidos la **percepción de riqueza** de un ciudadano promedio se explica por el valor de dos tipos de bienes: sus propiedades (inmuebles) y sus inversiones en Bolsa (a diferencia de México, en donde por cada 10.000 habitantes de la población económicamente activa existen 35 inversionistas en Bolsa, en Norteamérica por cada 100 habitantes 60 participan en Bolsa). Con la crisis reciente, ambos valores han disminuido significativamente, propiciando entonces un menor consumo independientemente de que el individuo esté o no desempleado o que sea sujeto o no de crédito.

Otro ejemplo de la manera en que la psicología (pánico) predomina sobre aspectos fundamentales puede verse en el comportamiento en el mercado de los bonos respaldados por hipotecas antes mencionado. Éstos, que tienen un valor normal de 100 dólares y que llegaron a venderse en 35, tienen como garantía propiedades que no han desaparecido. Son propiedades que NO han tenido una baja de valor de más de 20% y, además, únicamente el 6-7% de los sujetos de crédito ha dejado de pagar. Es por eso que la sobredimensión de la crisis hipotecaria no resulta muy lógica.

Los de corte técnico se asocian principalmente con los participantes con un perfil *Trader*, que buscan ganancias a muy corto plazo independientemente del riesgo que esto conlleva y que compran y venden acciones al considerar que han subido o bajado mucho de precio sin considerar aspectos fundamentales.

El movimiento de alza observado hasta el mediodía del miércoles 18 de febrero de 2009 en las bolsas de Estados Unidos (índice S&P), pese a una ola de información muy desfavorable en aquel país (menores ventas de casas, menor producción industrial, mayores requerimientos de ayuda económica y fuertes recortes de personal en la industria automotriz por conocimiento de nuevos fraudes —R. Allen Stanford y otros—) obedeció, como en otras ocasiones, a un suceso técnico. Tras la baja de más de 4,0% el día anterior, muchos inversionistas tipo *Traders* buscaron obtener ganancias de corto plazo. En los últimos doce meses previos a ese día, 65% de las ocasiones en que el índice S&P había observado una caída de más de 4,0% se presentó un avance el día siguiente.

El cuadro 2 documenta el comportamiento descrito.

Cuadro 2. S&P: Estadísticas de bajas y días siguientes

Fecha de Baja	Baja del día	Variación del día siguiente
15 de septiembre de 2008	-4,7%	1,8%
17 de septiembre de 2008	-4,7%	4,3%
29 de septiembre de 2008	-8,8%	5,4%
2 de octubre de 2008	-4,0%	-1,4%
7 de octubre de 2008	-5,7%	-1,1%
9 de octubre de 2008	-7,6%	-1,2%
15 de octubre de 2008	-9,0%	4,3%
22 de octubre de 2008	-6,1%	1,3%
5 de noviembre de 2008	-5,3%	-5,0%
6 de noviembre de 2008	-5,0%	2,9%
12 de noviembre de 2008	-5,2%	6,9%
14 de noviembre de 2008	-4,2%	-2,6%
19 de noviembre de 2008	-6,1%	-6,7%
20 de noviembre de 2008	-6,7%	6,3%
1 de diciembre de 2008	-8,9%	4,0%
20 de enero de 2009	-5,3%	4,3%
10 de febrero de 2009	-4,9%	0,8%
17 de febrero de 2009	-4,6%	NA

Fuente: Ixe Casa de Bolsa/Bloomberg

Concluimos esta lección tratando de entender los distintos factores que influyen en el mercado pero sobre todo reconociendo lo difícil que resulta poder anticipar oportunamente el impacto (tiempo y magnitud) de cada uno de ellos y su correlación precisa. ¿Qué hacer entonces?

Desarrollar metodologías integrales y ser disciplinado, que aunque ya se anotó, lo seguiremos haciendo y demostrando en las otras lecciones.

Cuadro 3. Factores de influencia en Bolsa

Factores	Elementos internacionales
Fundamental	• Restricción de créditos. • Menor consumo. • Menor crecimiento en resultados. • Menores pagos de dividendos. • Encarecimiento de múltiplos. • Reducción de costos = desempleo.
Estructural	• Acciones en garantía (cauciones). • Cobertura de «cortos». • Cierre y reestructura de libros de fondos internacionales. • Decisiones por movimientos por regiones, categorías o sectores.
Psicológico	• Percepción de riqueza promedio estadounidense dada por valores accionarios e inmuebles. • 60% de los norteamericanos invierten en Bolsa. • Exceso de oferta (venta) en bonos respaldados por hipotecas al no considerar el valor real de sus garantías. • Esperanza de cambios (programas, regulaciones, nombramientos, etc.) de la próxima administración.
Técnico	• Decisiones de inversión de *Traders* a partir de formaciones y/o tendencias históricas. • Compras y ventas asociadas con niveles de «sobrecompra o sobreventa».

Fuente: Ixe Casa de Bolsa

La crisis de 1929

Por lo que toca a la comparación que muchos participantes hacían sobre la crisis de 2008 y la de 1929 y que tuvo una duración de diez años propiciando la gran Depresión, consideramos que por fortuna estamos aún muy lejos de aquel momento, aunque existan coincidencias como en todas las crisis.

Coincidencias entre las crisis de 1929 y la de 2008

- Incremento del desempleo.
- Falta de pago de créditos privados y entre bancos.
- Disminución de la liquidez de las entidades financieras.
- Quiebra de bancos.
- Grandes empresas y bancos claman protección del Estado.
- Recesión económica.
- Abarca todos los sectores económicos y sociales.
- Se extiende a Europa y al resto del mundo.
- Se desarrolla una crisis en la producción industrial.
- Renuncia del liberalismo económico.
- Intervención del Estado para solucionar la crisis.
- Establecimiento de leyes de emergencia para restablecer la actividad bancaria y la confianza en el sistema financiero.
- Las políticas de los gobiernos encuentran fuerte oposición.
- Demócratas apoyan New Deal/Roosevelt y Rescate/Bush.
- El éxito del New Deal permitió a los demócratas la reelección de Roosevelt.

La primera crisis de México no interna

Tendremos que reconocer que el impacto en fondo y forma que podría tener esta crisis en nuestro país será seguramente distinto al de cualquier otro por una sencilla razón. Es la primera crisis que no se genera de manera interna, nos contagia por suceder en el país con el que mantenemos la mayor relación comercial: Estados Unidos.

Por otra parte y sin querer minimizar la incertidumbre y difícil condición actual que seguramente se mantendrá en los siguientes meses, también es cierto que los esfuerzos internacionales coordinados que se vienen llevando a cabo entre distintos gobiernos e instituciones y que no han tenido precedente comenzarán a dar resultados.

6

¡No todos asumen un mismo riesgo!

«Si no hay café para todos, no habrá para nadie».
Ernesto Che Guevara

Ya anticipábamos esta lección al reflexionar en la primera sobre «El riesgo es lo primero, lo segundo y lo tercero». Y es que muchas personas que deciden invertir en Bolsa reconocen que la alternativa bursátil conlleva un riesgo mayor a otras, pero supone también que todos los que se atreven a participar asumen automáticamente ese riesgo.

Dicha percepción es parcialmente cierta. El riesgo en Bolsa en principio se asocia con la incapacidad de poder pronosticar un rendimiento preciso en el tiempo (no existe garantía de resultado). Por ello le llaman renta variable.

Otros entienden el riesgo como sinónimo de alta fluctuación en los precios de las acciones, lo que permite en plazos muy cortos fuertes ganancias y/o pérdidas. Una forma fácil de entenderlo es imaginando un paseo por carretera en donde es distinto transitar por un camino lineal o recto que por otro repleto de curvas (variaciones).

Desde un punto de vista estrictamente técnico, existen distintas formas para medir el riesgo en Bolsa, la mayoría se relaciona con mediciones estadísticas del comportamiento del precio de una acción.

Más adelante mencionaré algunos a manera de cultura general. Lo que es importante ahora es identificar de manera sencilla las distintas etapas en las que un participante en Bolsa puede asumir riesgo y la manera en que se pueden disminuir al entender un concepto integral.

La manera sencilla

Cualquier inversionista convencido de participar en Bolsa tiene como vehículos naturales de acceso «sencillo» al mercado accionario mexicano dos opciones:

1. Comprar un fondo de renta común (renta variable) indizado, es decir, un fondo que replique la misma estructura (las mismas acciones en cantidad y proporción) que el IPyC para que de esta manera su resultado sea igual al del comportamiento del Índice.
2. Comprar una acción Naftrac, la cual es similar a la de un fondo indizado, ya que replica el comportamiento del índice bursátil pero con la diferencia de que puede operarse durante una sesión diaria y no depender del precio del cierre para saber a que nivel ($) se compra o vende tal y como sucede con un indizado.

No obstante, si el inversionista busca superar el resultado (ganar más o perder menos) que ofrece el índice bursátil (parámetro a vencer o *Benchmark*), entonces sus opciones son: 1) Recurrir a un fondo no indizado (con una estructura distinta al IPyC). 2) Construir su propio portafolio en Bolsa.

Estas opciones involucran distintos tipos de riesgo, los cuales se relacionan con las etapas de selección de valores, distribución inteligente de acciones y momento oportuno de participación (compra o venta).

Cuadro 4. Riesgos de distintas opciones *vs.* IPC

Opción	**Fase de riesgo implícita**		
Opción en Bolsa	Selección	Distribución	Momento (*Timing*)
Fondo indizado	No	No	Sí
Naftrac	No	No	Sí
Fondo agresivo	Sí	Sí	Sí
Portafolio Individual	Sí	Sí	Sí

El concepto integral

En la práctica, muchos participantes en Bolsa no identifican estas fases y se concentran únicamente en considerar, por ejemplo, las emisoras (acciones) que consideran tienen buenos fundamentos (pagan dividendos, buenos resultados financieros, estructuras de deuda sólidas, etc.). Otros, con un perfil *Trader* (horizonte de corto plazo), se ocupan sólo de comprar las acciones que caen mucho en precio y/o vender las que suben. Los menos se preocupan por identificar una diversificación adecuada al momento de construir su portafolio.

¿Se da cuenta? Los participantes están asumiendo todos los días riesgos de distintos tipos y la mayoría de las veces no los identifican. Esta forma de invertir en Bolsa sin atención cuidadosa de las distintas etapas en donde el riesgo está presente y/o con una atención parcial son las que una y otra vez han traído consecuencias muy desafortunadas.

Los inversionistas en Bolsa que logran llevar de la mejor manera cada una de las fases o etapas disminuyendo el riesgo son los que terminan cosechando los mejores resultados con el tiempo.

¿Se da cuenta ahora? No todos asumen los mismos peligros simplemente por invertir, depende completamente de las metodologías o procesos que se realizan al momento de tomar decisiones **en cada una de las fases**. Ésta es la diferencia entre los que deciden «apostar» o «jugar» en Bolsa con un **gran riesgo** o invertir a través de un proceso **integral** enfocado a la disminución del mismo.

En el capítulo de «La fórmula del éxito en Bolsa» (en la sección de «Otros temas») abordaremos con mayor detalle la propuesta metodológica conocida como Estrategia Integral C3, la cual responde las tres preguntas ¿cuáles?, ¿cómo? y ¿cuando? para disminuir riesgo en cada fase.

Las tres incógnitas que busca responder de manera sencilla la Estrategia Integral C3 comienzan precisamente con la letra «C» y por ello el nombre de la estrategia.

Cuadro 5. Para ayudar. Elementos de la estrategia integral C3

Pregunta	Fase	Objetivo en riesgo	Objetivo en rendimiento
¿En cuáles acciones invertir?	Selección de emisoras.	En la medida en que las emisoras reúnen mayor número de requisitos de nuestros siete criterios fundamentales son de menor riesgo.*	Los inversionistas terminan por reconocer las emisoras con mejores fundamentos.
¿Cómo construir un portafolio competitivo?	Distribución de emisoras.	Una distribución en más de seis emisoras con «pesos» similares al IPyC evita desviaciones «C».	Mayor ponderación en mejores emisoras justificadas por fundamentales.*
¿Cuándo comprar y/o vender?	Identificar el momento oportuno de participar (compra o venta).	La herramienta ET evita participar en Bolsa ante la posibilidad de una baja. La herramienta ET evita salir del mercado antes de tiempo y mantiene la mayor parte «dentro» del mercado en una tendencia alcista.	En el tiempo, estar «invertido» la mayor parte del tiempo en tendencias alcistas y evitar las bajas fuertes ha resultado en fuertes ganancias acumuladas.

Fuente: Ixe Casa de Bolsa

* 1. Perspectiva sectorial. 2. Perspectiva individual. 3. Mercado dirigido. 4. Estructura financiera. 5. Valuación. 6. Bursatilidad. 7. Otros (dividendos y aspectos cualitativos).

Los más técnicos

Como señalamos antes y para finalizar esta sección, menciono algunas medidas (indicadores) tradicionales de riesgo señaladas en el ambiente por especialistas, algunas de las formas más generalizadas de analizar éste han sido medir el coeficiente beta, el ratio de Sharpe, el ratio de Sortino, el índice de Treynor y el valor en riesgo (VaR).

Beta: También conocido como coeficiente beta, se dice que mide la volatilidad o el riesgo sistemático de un título o de una cartera en comparación con el mercado en su totalidad. En teoría, un beta de 1 indica que el precio de un título se moverá junto con el mercado. Un beta de menos de 1 es señal de que el título es menos volátil que el mercado, y un beta mayor a 1 significa que el título será más volátil que el mercado. En realidad, la beta no implica volatilidad, sino el grado de sensibilidad o reacción ante movimientos en el mercado. El coeficiente beta indica además la respuesta de la rentabilidad de una acción al riesgo sistemático y mide la sensibilidad de la rentabilidad de un título al factor de un riesgo específico.

Ejemplo de riesgo sistemático: La publicación de una cifra económica que indica menor crecimiento en el país puede tener una afectación negativa general para la Bolsa (sistemático).

Ejemplo de riesgo específico: La publicación de un dato de menor crecimiento en el resultado de una empresa relacionado con cuestiones de huelgas o fallas técnicas en algún proceso de producción deberá tener una afectación especial en el precio de la acción de dicha emisora (específico).

Ratio de Sharpe: Este indicador fue desarrollado por el ganador del premio Nobel Bill Sharpe en un esfuerzo por medir el rendimiento ajustado por riesgo. Éste mide los retornos (rendimientos) en relación con el riesgo asumido para lograr dichos retornos. Cuanto mayor es el ratio de Sharpe de una cartera mejor será su retorno ajustado por riesgo.

Ratio de Sortino: Este índice es una leve variación del ratio de Sharpe. Difiere de éste en que elimina el movimiento de precios al alza en desviación estándar. Sólo mide el retorno en relación con la volatilidad de precios a la baja.

Índice de Treynor: Fue desarrollado por Jack Treynor y mide el exceso de retornos de la tasa libre de riesgos por unidad de riesgo de mercado. Es similar al ratio de Sharpe, con la diferencia de que Treynor usa delta para medir la volatilidad en lugar de la desviación estándar.

Var: El valor en riesgo es una técnica utilizada para medir la probabilidad de una pérdida porcentual en una cartera durante un periodo de tiempo dado. Aunque el Var, al igual que otras técnicas, tiene usos específicos, los individuos que lo utilizan deben conocer las ventajas asociadas con las diferentes mediciones. Éste incorpora la volatilidad del precio de la acción, así como el efecto de la diversificación. Vale la pena saber esto dado que la herramienta utiliza elementos de diversificación para reducir el riesgo e incrementar el rendimiento.

Los peros...

Los expertos en riesgo consideran que existen tres supuestos principales que obstaculizan la utilización y validez de las mediciones tradicionales de riesgo. Éstos están arraigados fundamentalmente en la formulación del análisis histórico de riesgo de cartera y son:

- El comportamiento futuro del mercado y los patrones que se supone que actúan en forma similar al pasado.

- Los retornos periódicos en los títulos, que se supone son aleatorios y, por lo general, distribuidos, así como totalmente independientes a la información previa.

- Las mediciones de riesgo tradicionales, que tratan toda la información del mercado como si existiera en un ámbito homogéneo.

Para desarrollar un panorama más sólido de los riesgos reales del mercado, deben abordarse estas suposiciones imperfectas pues toda la información es histórica. Como nunca podemos saber si el futuro repetirá el pasado, dicha presunción es incontrolable e inevitable.

Además, las mediaciones de riesgo tradicionales suponen aleatoriedad, lo que resulta en retornos con una distribución normal. Dicha aleatoriedad permitiría el uso de la desviación estándar y el coeficiente beta, así como otras mediciones estadísticas.

En una curva de distribución normal, 68,3% de los valores se encuentran dentro de una desviación estándar de la media, aproximadamente 95,5% de los valores se encuentran dentro de dos desviaciones estándar, y aproximadamente 99,7% están dentro de tres desviaciones estándar. De esta información se podría determinar la medida de los retornos históricos del mercado y calcular cuáles son los riesgos posibles de una cartera o de una acción en particular. Aunque esta técnica es muy conocida y fácil de aplicar, tiene un grave defecto. En el ámbito de las acciones, la distribución normal no es «normal».

Las curvas de distribución normal presentan distribuciones con «extremos estrechos», ello significa que muchas de las observaciones se presentan fuera de los rangos permitidos, es decir, que los mercados accionarios son mucho más riesgosos de lo que sugieren las mediciones tradicionales.

Por ejemplo

Para ilustrar mejor lo valioso y necesario que resulta contar siempre con información adicional sobre el entorno en que ocurre cierta situación, veamos el siguiente ejemplo a manera de problema.

Tenemos dos ciclistas. Los dos utilizan la misma carretera en una práctica de fin de semana en donde los últimos 5 km son de un tramo con una bajada muy pronunciada. Uno de ellos desciende a una velocidad de 60 km por hora y el otro a 25. ¿Cuál de los dos cree usted que está asumiendo mayor riesgo?

De manera lógica, muchos supondríamos que aquel que baja a mayor velocidad. ¿Pero qué sucedería si el ciclista que desciende a 25 km por hora estuviera muy cansado por haberse desvelado el día anterior, tuviera 80 años de edad, se distrajera constantemente y además hubiese olvidado sus anteojos que utiliza por causa de miopía, mientras que el conductor más rápido es un joven de 20 años, de enorme experiencia y totalmente concentrado en su entrenamiento?

La métrica de riesgo tradicional señalada antes supone un contexto homogéneo de mercado, lo que significa que los riesgos no cambian en base a factores externos (información adicional). El riesgo de un título sólo está asociado con su desviación estándar, o incertidumbre, más no con la situación actual del mercado.

Ejemplo 1. En un contexto de mercados accionarios a la baja afectados por los altos costos del petróleo (alza en valores relacionados con este insumo, combustible), usted podría decidir disminuir exposiciones y/o eliminar emisoras con un beta (esta medida estadística se comentó con anterioridad) de 1,1x al considerarlas de mayor riesgo que otras que presentan un beta de 0,8x. Sin embargo, podría suceder que algunas de estas acciones se vean favorecidas al ser productoras de petróleo.

Ejemplo 2. Inicia un proceso de baja en las tasas de interés con objeto de disminuir riesgos de menor actividad económica y con ello las acciones en general suben. No obstante, un grupo de emisoras cuyas estructuras financieras observan una cantidad importante de sus activos en efectivo (caja) podrían ver ahora disminuido su flujo de efectivo por pago de intereses y con ello la posibilidad de pagar menores dividendos.

Como ve, no siempre se toman en cuenta los riesgos y/o oportunidades adicionales asociados con cada caso. ¿Por qué entonces algunos siguen utilizando estos modelos que conllevan defectos graves?

La respuesta sería por facilidad de uso. La realidad es que el análisis de riesgo debe extenderse para incluir más contexto. Al respecto, muchos participantes han hecho avances importantes para reformular mediciones de riesgo.

7

Seleccionar una buena emisora no es suficiente

«No pongas todos los huevos en una misma canasta».
Refrán popular

Esta lección definitivamente complementa a la anterior y se relaciona específicamente con la manera en que algunos participantes en Bolsa, cuidadosos del riesgo en la etapa de selección, estudian y analizan bien los fundamentos (aspectos cuantitativos y cualitativos) de alguna(s) emisora(s) antes de comprarlas.

Sin embargo, superada esa primera etapa, terminan por asumir un nuevo tipo de riesgo relacionado con la concentración de su portafolio bursátil en muy pocas emisoras.

Es precisamente lo que el refrán advierte al señalar que no se deben poner todos los huevos en un mismo cesto, pues si se cae, se romperán todos.

La teoría de portafolios documenta (demuestra) en diversos estudios que el número mínimo de empresas que deben considerarse para construir un portafolio de acciones evitando un riesgo de concentración son seis. Cualquier portafolio con 2, 3 y 4 acciones tiene un **riesgo alto** aunque los fundamentos de sus emisoras sean sólidos.

Aunque en el caso de la crisis de 2008 la baja en los precios de las acciones fue generalizada, existieron muchos casos en que las minusvalías se agudizaron por la mayor exposición en una o dos emisoras que bajaron mucho su precio.

Una forma de evitar este riesgo, es después de preguntar al asesor o analista si la empresa tiene buenos fundamentos, cuestionar también qué proporción de esta acción se recomienda en un portafolio modelo y/o que proporción de ésta corresponde al índice bursátil.

Diversificación inteligente

El conocer la proporción de una acción dentro del IPyC resulta clave para el entender el concepto de diversificación inteligente.

A reserva de detallarlo también en el capítulo «La fórmula...», correspondiente a la estrategia C3, le adelanto que en esta etapa de diversificación para la construcción de un portafolio en Bolsa, la idea del manejo de un menor riesgo consiste en «armar» estructuras no muy distintas a las del propio índice bursátil con objeto de que su resultado (rendimiento) en el tiempo tampoco sea muy diferente.

Esta parte de la estrategia de lograr una representatividad alta no es tan difícil si recordamos que desde hace tiempo un grupo muy reducido de acciones representan gran parte del IPyC.

Al mes de marzo de 2008, América Móvil (Amx), Walmex y Telecom representaban en suma 44,11% del IPyC. Esto significa que un portafolio que replica este mismo «peso» en tan sólo estas tres acciones ya es 44,11% similar al Índice.

El nivel de representatividad (similitud) en el que se considera que el riesgo es menor es con 70,0% (nueve acciones del IPyC). Con el resto de las emisoras (el otro 30,0%) se busca mejorar el rendimiento esperado al identificar precios objetivos superiores al avance esperado en el índice. Ya lo explicaremos en la sección de «La fórmula...»

Cuadro 6. Emisoras con mayor peso en el IPyC, marzo 17, 2009

Emisora	**Serie**	**Peso IPyC**	**Acumulado**	**Número de emisión**
Amx	L	21,40%	21,40%	1
Walmex	V	14,93%	36,33%	2
Telecom	A1	7,78%	44,11%	3
Gfinbur	O	5,81%	49,92%	4
Elektra	*	5,03%	54,95%	5
Televisa	CPO	4,62%	59,57%	6
Femsa	UBD	3,98%	63,55%	7
Gmexico	B	3,79%	67,34%	8
Gcarso	A1	3,70%	71,04%	9
Cemex	CPO	3,29%	74,33%	10
Bimbo	A	3,17%	77,50%	11
Telmex	L	3,14%	80,64%	12
Peñoles	*	3,10%	83,74%	13
Soriana	B	2,12%	85,86%	14
Gfnorte	O	1,96%	87,82%	15
Telint	L	1,79%	89,61%	16
Kimber	A	1,43%	91,04%	17
Gmodelo	C	1,31%	92,35%	18

Fuente: Ixe Casa de Bolsa

8

Las malas noticias nunca se «descuentan» al 100%

«Nada viaja a mayor velocidad que la luz
con la posible excepción de las malas noticias,
las cuales obedecen a sus propias leyes».
Douglas Adams

Desde el inicio de la crisis de 2008, varios analistas y estrategas anticipábamos escenarios realmente difíciles.

Si bien muchos de estos pronósticos se quedaron «cortos» al momento de descubrir dificultades mayores (datos peores a los estimados), resultó también muy recurrente que **la confirmación** de un mal dato económico (desempleo, inflación, consumo, crecimiento económico, etc.) o corporativo (menores resultados financieros trimestrales, cancelación de pago de dividendos, suspensión de inversiones, recortes de personal, etc.) ya se había anticipado que viniera acompañado de una nueva caída en los precios de las acciones o de los índices accionarios.

Aquella frase muy común en el gremio bursátil al referirse a ciertos eventos y calificarlos como «están descontados» hubiera sido más correcta si se hubiera matizado diciendo «están parcialmente descontados».

La parcialidad de este concepto bien podría asociarse a la lección del capítulo 4, en el que identificábamos como uno de los factores de incidencia los de tipo psicológico.

La psicología es un aspecto de fuerte influencia en los mercados y, aunque no se reconozca, existe siempre un componente de «esperanza» en un grupo de participantes que consideran que una noticia próxima anticipada de manera negativa puede ser mejor. Cuando esta información se confirma como negativa, esa proporción de actores con esperanza termina también por «vender» y es por ello que nunca se descuenta al 100%.

Mercado: «Lugar en el que acude la oferta y la demanda…». Así es como funciona también el mercado accionario. Para que una acción suba o baje deben existir ambas partes, la oferta y la demanda. El predominio de un sentimiento positivo hace que los compradores dominen y es cuando los mercados definen tendencias de alzas, mientras que el predominio de un sentimiento negativo se traduce en movimientos a la baja.

La incertidumbre entendida como un «balance» de fuerzas también existe y se da cuando los mercados se mueven en forma «lateral» o de «acumulación». Sin embargo, estadísticamente estos periodos de incertidumbre en la Bolsa mexicana duran poco. Al final, algún extremo (compradores o vendedores) termina por reconocer que el otro lado tenía razón.

Por lo general, entre mayor es el tiempo de incertidumbre, mayor es la magnitud de dirección que define el mercado. En México, la historia indica que 75,0 % de las veces el IPyC se presenta en comportamientos de tendencias (en su mayoría de alza) y únicamente 25,0% de las veces es incierto.

9

No comprar sólo porque el precio baja. (¡No confunda precio con valuación!)

«Lo comprado al precio de muchos ruegos, es caro».
Juan Luis Vives

Desde los primeros meses de la crisis de 2008 era recurrente saber que muchos inversionistas decidían participar en el mercado al suponer que las acciones estaban «baratas», dado que sus precios venían cayendo de manera importante.

En más de una ocasión (muchísimas) escuché decir: «Cómprala porque está bajando mucho de precio». Aunque en lecciones anteriores identificamos diferentes determinantes de influencia en el comportamiento de un precio, en términos generales me atrevería a decir que los factores de primera influencia **sí** son los fundamentales.

Lo anterior significa que si el precio de una acción baja, en principio es muy probable que sea porque no hay buenas noticias detrás de dicha caída (menores utilidades, es poco bursátil, su estructura financiera es débil, sus márgenes disminuyen, etcétera).

Para muestra un botón. La acción de Citigroup en Estados Unidos llegó a cotizar por arriba de $50,00 dólares en 2007. Cuando comenzó su fuerte baja algunos pensaron que a niveles de 30,00 dólares era una «ganga». Un fondo de inversión soberano del Estado de Abu Dabi compró 4,9% de la institución financiera en noviembre de 2007 en 30,00 dólares (7.500,00 millones de dólares); otros más dijeron que en 10,00 dólares estaba «regalada».

Reconocidos inversionistas mexicanos participaron de Citi en cerca de 4,00 dólares y hacia principios de marzo de 2009 estaba en menos de 2,00 dólares. ¿Qué tan barata podía ser una empresa que cada trimestre reportaba mayores pérdidas? ¡Es imposible su quiebra! Lo mismo escuché de Lehman Brothers dos meses antes de su quiebra en una reunión directamente con esta institución en la que defendieron su fortaleza (guardo el documento de la presentación como una evidencia histórica).

Ya lo hemos comentado en otras oportunidades, muchas personas confunden precios y valuaciones en el mercado accionario.

Los participantes conocedores del mercado no invierten a partir del nivel de precio de una acción o del índice bursátil en un mercado, lo hacen a partir de valuaciones. Una forma sencilla de entender esta diferencia sería con el siguiente ejemplo: suponga que compro una empresa que genera utilidades de 20 en 100 pesos (rendimiento de 20%) y un año después la vendo en $200. Muchos pensarían que la vendí «cara» pues su precio fue 100% mayor. Sin embargo, si al venderla (un año después) la empresa genera utilidades de $100, equivalente a un rendimiento de 50% respecto a su precio, entonces la empresa en realidad se compró más «barata» que la primera vez. Es decir, ¡no importó el precio!

Para valuar una empresa existen distintos métodos. Uno de los más conocidos y aceptados se refiere al empleo de múltiplos. Éstos relacionan siempre el valor de mercado de la acción (o índice) con algún indicador financiero (económico) de la empresa. Algunos de los más conocidos son: en P/U, P/UN, P/FE, Firm Value/Ebitda, P/VL.

Importante: Debemos recordar que la información financiera (económica) que se utiliza para el cálculo de los múltiplos deberá corresponder siempre a periodos anuales de doce meses continuos, ya sea conocidos o estimados.

El cuadro a continuación contiene diferentes tipos de múltiplos empleados, para continuar después con una «obra de teatro o fábula» que ayudará a entender mejor la búsqueda o enfoque de crecimiento y/o de valor.

Cuando el múltiplo está conformado en su denominador por algún concepto de utilidad o generación de flujo (ventas, utilidad operativa, utilidad neta, Ebitda) la lectura más común es: **el tiempo (años) que tomaría para la empresa recuperar al precio que se está pagando hoy, suponiendo que ésta tuviera la capacidad de generar dicho indicador económico (ventas, utilidad operativa, utilidad neta, Ebitda) consistentemente en periodos anuales.**

Cuadro 7. Tipos de múltiplos

Múltiplo	Cálculo	Lectura y/o comentario
P/U	Precio de Acción/Utilidad neta por acción	Indica el número de años en los que, en teoría, de ser repartida entre los accionistas la utilidad neta de la empresa se tardaría en compensar (cubrir) el precio que actualmente se paga la acción en el mercado. Asume que la generación anual de utilidad neta será similar en los próximos años a la realizada al momento del cálculo del múltiplo. Otra forma de «leer» el múltiplo es utilizando el inverso (1/múltiplo) del mismo y considerarlo como una tasa de retorno. En México, éste es poco representativo por la volatilidad del mismo y lo poco representativo que resulta debido a que la contabilidad mexicana considera, a nivel financiero (CIF), partidas que no necesariamente representan movimientos en flujos de efectivo. En 1997, por ejemplo, la partida de resultado por posición monetaria (relacionada con inflación) representó cerca de 46% de resultado neto de las empresas en Bolsa. En épocas de fuerte movimiento cambiario, las pérdidas cambiarias han observado también una proporción mayor a 50% del resultado neto. **Su visión es de menor plazo.**
P/UN (Utilidad normalizada)	Precio de acción/ Utilidad neta + Intereses netos + Extraordinarias + % impuestos	Similar al concepto anterior. Sin embargo, reconoce las implicaciones de partidas que no representan flujo y las elimina. La idea es «acercar» el resultado neto a parámetros (criterios) internacionales.
P/FE	Precio de acción/ Flujo de efectivo por acción	Concepto similar al anterior que considera el flujo de efectivo por acción.

Múltiplo	Cálculo	Lectura y/o comentario
Firm Value/ Ebitda	(Valor de Mercado + Pasivo c/Cto.- caja/Utilidad operativa + Depreciación	Concepto más evolucionado a partir de un resultado operativo al que suma la depreciación del costo de ventas, en donde además incorpora al valor de mercado la deuda de costo y la caja (liquidez de la empresa).
P/VL	Precio de acción/ Capital contable por acción	A diferencia de los anteriores, utiliza como indicador financiero (económico) el valor en libros por acción, es decir, el valor que de acuerdo a los libros de la empresa respalda a cada acción. Los múltiplos menores a 1x significan que los «pesos» que vale la empresa se venden en «centavos».

Por ejemplo, para una empresa que cotiza en Bolsa y cuyo precio de mercado es $8,00 y su utilidad neta por acción (UPA) es $4,00, el múltiplo P/U (precio de mercado/utilidad neta por acción) sería de 2 veces. Esto significa que en dos años (con un ritmo de utilidad similar) la empresa cubrirá su valor de mercado.

Empresa (por acción)	Precio	UPA	P/U
A	$8,00	$4,00	2x
B	$8,00	$2,00	4x

Importante: De esta forma el inversionista busca siempre múltiplos bajos. Sin embargo, es importante identificar que el múltiplo bajo se derive de un crecimiento en utilidades y no de una caída en el precio, recuerden que el múltiplo en general se compone de esos dos factores. A esto se le llama «calidad del múltiplo».

En el cuadro siguiente se observa en el escenario 1 que el múltiplo se abarata seis meses después por una caída en el precio, mientras que en el escenario 2 el mismo abaratamiento en el mismo lapso es resultado de un alza en la utilidad de la empresa. ¿Qué prefiere?

Escenario	Empresa (por acción)	Precio	UPA	P/U
1	A	$8,00	$4,0	2x
	A (seis meses después)	$4,00	$4,0	1x
2	A	$8,00	$4,0	2x
	A (seis meses después)	$8,00	$8,0	1x

Inverso del múltiplo

Otra forma de medir el resultado de un múltiplo es determinando su inverso y expresarlo como tasa de interés. En el ejemplo anterior, al múltiplo de 2x correspondería un inverso y/o una tasa de 50%. En este caso, la lectura o interpretación también es la misma. En dos (2) años recuperaríamos la inversión.

Entendido lo anterior, resulta interesante comparar la «tasa de retorno o de interés» implícita en el inverso del múltiplo respecto de la tasa de interés de un instrumento de renta fija (Cetes). Algunos opinan que la que se obtiene por el inverso del múltiplo debería ser siempre mayor a la de una alternativa de renta fija por el riesgo implícito en Bolsa. Sin embargo, también es cierto que al comprar una acción bajo la óptica de un inversionista patrimonial de largo plazo (muy recomendable), al rendimiento esperado por el pago de dividendos debería sumarse la tenencia de un activo real (parte proporcional de la empresa como accionista).

Esta forma de analizar el múltiplo explica de mejor manera la importancia de la tasa de interés y su tradicional correlación inversa con los mercados accionarios.

¿Crecimiento o valor?

La lectura anterior utilizó los componentes más simples y tradicionales de un múltiplo: el precio y la utilidad neta. No obstante, existen otros tipos de múltiplos. En términos generales, los inversionistas toman decisiones de inversión a partir de dos tipos de criterios, los de crecimiento y los de valor.

Un cuento corto

Imagine que le propongo invertir en una de dos empresas a escoger de un mismo sector, en este caso, el de comercio. La información que le proporciono sobre cada una es la siguiente:

Primera empresa: se trata de una pequeña miscelánea ubicada en una colonia de clase media baja con un inmueble descuidado. No obstante, su generación de ingresos (ventas y utilidad operativa) ha sido extraordinaria desde hace un año que inició y se prevé pueda continuar así por lo menos un año más.

Segunda empresa: esta opción es la de una cadena comercial de prestigio internacional, con presencia en todo el país y con varios años en el mercado. No obstante, por diversas razones sus ventas no han sido buenas desde hace algunos meses, y de hecho reportó pérdidas recientemente.

Con la información anterior, ¿cuál acción (empresa) decidiría comprar? ¿Está seguro? ¿Muy seguro? Pues bien, la respuesta correcta es... ¡Cualesquiera de las dos!

No se trata de discutir los aspectos fundamentales de cada una, simplemente señalar que si usted se decidió por la primera (miscelánea), seguramente consideró con mayor «peso» la importancia de los flujos de efectivo y la generación de utilidades a corto plazo. Es decir, posiblemente sin darse cuenta consideró los múltiplos precio/ventas, precio/flujo o precio/utilidad, aquellos donde intervienen justamente las variables económicas de flujo y que se miden en periodos de doce meses. **Esto significa preferir una inversión de menor plazo, usted prefirió el crecimiento.**

Si por el contrario, usted prefirió a la segunda empresa (almacén de prestigio internacional), es porque consideró más importante los activos de ésta, los inventarios, la marca, etc. En este caso, de manera consciente o no se refirió a un múltiplo precio/valor en libros o valor contable o VM/VS. **En este caso su visión fue de mayor plazo, usted prefirió el valor.**

En la «industria» del análisis bursátil se emplean, por lo general, dos tipos de múltiplos.

1. Los conocidos: o de últimos doce meses, que reflejan la situación del precio actual y de las variables financieras conocidas en el último año (ventas, utilidades, flujos, etc.). Se recomienda su uso principalmente después del periodo de reportes trimestrales.

2. Los estimados: los de mayor preferencia y uso (mientras que la estimación sea confiable). Estos múltiplos se calculan utilizando el precio actual (conocido) y los indicadores financieros estimados para periodos de doce meses a futuro y/o de cierre de año. Cuando se estima un crecimiento importante en resultados (en México el crecimiento de los resultados financieros de las empresas se expresan en términos reales (sin inflación), la consecuencia es una disminución en el múltiplo (abaratamiento).

Empresa (por acción)	Precio	UPA	P/U
A (conocido)	$8,00	$4,00 (últimos doce meses)	2x (conocido)
A (estimado)	$8,00	$8,00 (estimada para el cierre de año	1x (estimado)

Calidad de múltiplos

Repito, resulta muy importante insistir en que el movimiento exclusivo del precio de una acción no deberá asociarse por mucho tiempo a conceptos de valuación.

El FV/Ebitda

Con la intención de encontrar un múltiplo que resultara más representativo para evaluar empresas en economías con volatilidad y contenido virtual en su contabilidad, el múltiplo precio/utilidad neta (P/U) «evolucionó» al Firm Value/Ebitda o Enterprise Value/Ebitda (valor de la empresa/utilidad antes de intereses, impuestos, depreciaciones y amortizaciones —*Earnings Before Interest, Taxes, Depreciation & Amortization*).

Para efectos prácticos, el Ebitda buscó responder a un flujo operativo de empresas. Éste se determina agregando a la utilidad operativa (ventas netas-costos de venta y gastos de operación) la depreciación que anteriormente se restaba como parte del costo de ventas por considerarse una partida virtual (es decir, un concepto que en realidad no utiliza dinero de la empresa). Como ya se comentó, se trata de aproximarnos a un tipo de flujo.

En el caso de Firm Value, éste se constituye por el valor de mercado (precio de mercado de la acción x número de acciones) + el pasivo con costo + (participación minoritaria x P/VL) - caja.

¿Por qué? Imagine usted que le ofrecen invertir en acciones de dos empresas distintas (A y B) a elegir y sólo considera precio y Ebitda. Y resulta que ambas tienen el mismo precio y la misma utilidad operativa + depreciación (Ebitda).

	Empresas	Precio	Ebitda 12m	P/Ebitda
Antes	A	$10	$2	5x
	B	$10	$2	5x

Con dicha información, ambas emisoras parecen iguales. Sin embargo, resulta ser que la segunda empresa (B) tiene cierto nivel de deuda, mientras que la segunda no tiene. Al incorporar ésta al precio (*Firm Value*), automáticamente la segunda emisora se «encarece» reflejando una realidad.

La realidad es que cuando usted compra o participa en una empresa la compra con todo y su deuda. ¡Por eso es que el FV/Ebitda se considera ahora el múltiplo de crecimiento de mayor empleo!

	Empresas	**Precio**	**Ebitda 12m**		**P/Ebitda**
Antes	A	$10	$2		10/2 = 5x
	B	$10	$2		10/2 = 5x
	Empresas	Precio	Ebitda 12m	Duda por acción	Firm Value/Ebitda
Después	A	$10	$2	-	(10+0)/2 = 5x
	B	$10	$2	$10	(10+10)/2 = 10x

Existen otros métodos de valuación de empresas, no profundizaremos demasiado en éstos pues en esta ocasión la intensión es identificar lecciones de la crisis de 2008 y con lo antes expuesto es suficiente para **reiterar** lo riesgoso que puede resultar comprar acciones solamente porque están bajando de precio.

Siete criterios fundamentales

Sólo para complementar la idea anterior, conviene señalar que las valuaciones o múltiplos, aunque muy importantes, son parte de un grupo de factores que de manera consistente recomendamos siempre tener presente al momento de seleccionar una emisora. De esto hablaremos con mayor detalle en lecciones próximas. Mientras tanto, a continuación, se muestra un cuadro resumen de diez criterios fundamentales a tener siempre presentes.

Cuadro 8. Diez criterios fundamentales

	Variable	Clave	Detalle
1.	Bursatilidad	Burs.	Entre más bursátil, más fácil la compra-venta de acciones.
2.	% exportaciones	Exp.	Sobreventas totales.
3.	Crecimiento nominal Ebitda estimado 2009	Eb E	Ebitda = Utilidad operativa + depreciación. Los indicadores más relacionados con la operación (ventas, utilidades operativas) son de mayor confianza.
4.	Ebitda/Activos Totales	E/AT	Criterio de rentabilidad (similar al ROA).
5.	Cobertura financiera	CF	Caja + Ebitda / Pasivo total + intereses totales
6.	Valuación FV/ Ebitda (2009) e)	FV/ Ebitda	Comparativo del múltiplo estimado (2009) *vs.* múltiplo promedio de los últimos tres años.
7.	Valor de mercado/ Valor de solvencia	VM/ VS	Precio de mercado *vs.* valor de activos castigado (80% circulante, 60% fijo y 40% diferido) menos la deuda total de la empresa.
8.	Variación % precio	VarP	Para los últimos doce meses, considera la caída desde su nivel máximo hasta el día de hoy.
9.	Yield: Div. Efvo./Precio	Yield	Importante criterio para ganancia adicional distinta al movimiento del precio.
10	Otros	Ots	Incluye elementos cualitativos (marca, dirección, cumplimiento de expectativas).
	Total		

Fuente: Ixe, Casa de Bolsa/BMV

Promediar a la baja

Por cierto, personalmente no soy muy partidario de esta estrategia de promediar a la baja (seguir comprando acciones cuando cae su precio con objeto de logar un costo promedio menor y tener una mejoría más pronta en el momento en que sube). Además de insistir en el «error» original de atender sólo el precio, una estrategia de este tipo puede originar otro tipo de riesgos, como desbalancear una estructura de portafolio al sopreponderar o concentrar demasiados títulos en una sola acción o en un grupo reducido. ¡Cuidado!

10

Un buen análisis no garantiza una buena estrategia

«La mejor estructura no garantizará los resultados ni el rendimiento. Pero la estructura equivocada es una garantía de fracaso».
Peter Drucker

Esta lección está asociada con la quinta («No sólo son los fundamentos») y también con la inmediata anterior e invita a reflexionar sobre la manera en que muchos participantes se sienten «seguros» cuando compran acciones cuyos precios objetivos anticipan buenos rendimientos, o porque están soportadas por información fundamental «sólida» y que además se viene validando con la publicación de los reportes financieros trimestrales que todas las empresas que cotizan en Bolsa están obligadas a hacer públicos.

«Es que ustedes dijeron que el precio objetivo de la acción sería mayor en estas fechas». Frases como la anterior resultan recurrentes en participantes poco involucrados en Bolsa que asumen la publicación de un precio objetivo (el estimado de una acción en el mercado para una fecha futura determinada) como una verdad absoluta. Los analistas agradecemos el concepto de «perfección», «exactitud» y/o «sabiduría» que dicho reclamo implica. Sin embargo, la realidad es que a pesar de realizar nuestro mejor esfuerzo, nos hemos equivocado muchas veces, y nos vamos a seguir equivocando.

Por otra parte, reflexionemos también sobre el hecho de la cantidad de analistas que logran ser muy certeros en sus pronósticos de buenos resultados financieros para las empresas en que se especializan (que «cubren formalmente») y cómo en muchas ocasiones la confirmación de dichas estimaciones no se ve reflejada en buenos resultados en una alza en los precios de las acciones.

Lo mismo pasa con infinidad de variables económicas que son estimadas de manera muy acertada, sin que el conocimiento final de dicha proyección se refleje en el sentido correspondiente en los mercados (un buen dato en una alza o un mal dato en una baja).

¿Por qué? Pues porque como ya se planteó los aspectos fundamentales (cuantitativos y/o cualitativos) no lo son todo para analizar de la mejor manera el comportamiento de los mercados. Los factores estructurales, psicológicos y técnicos están siempre muy presentes y pueden influir de forma importante en el comportamiento de una acción.

Por otra parte, la selección de valores a partir del empleo de criterios fundamentales, si bien contribuye de manera muy importante a disminuir los riesgos en esta etapa, sigue siendo un proceso **parcial**, es decir, requiere el complemento de una **diversificación inteligente** y de una reacción oportuna ante posibles cambios de tendencia en el mercado.

¿Qué hacer entonces?

Incorpore un buen análisis en la etapa del proceso de selección de valores pero compleméntelo siempre con elementos de una distribución adecuada y competitiva y de herramientas que le permitan reaccionar oportunamente ante la influencia de variables en ocasiones de mayor «peso» que las fundamentales y que originan cambios de tendencia de mercado. Son estos procesos completos e integrales a los que llamamos **una buena estrategia**.

Análisis: «Distinción y separación de las partes de un todo hasta llegar a conocer sus principios o elementos».
Estrategia: «Arte, traza para dirigir un asunto».
Fuente: Diccionario de la Lengua Española.

Sobre los precios objetivos

Los precios objetivos, lejos de considerarse como un pronóstico inequívoco, habría que entenderlos. Se trata de la opinión pública que realiza un especialista (conocedor de la empresa y sector) sobre el precio que podría alcanzar el precio de una acción condicionado a ciertos sucesos. Existen distintos métodos para establecer precios objetivos. Recomendamos asegurarse de entender la metodología (razonamiento) de los precios objetivos sobre todo cuando se comparan o utilizan entre distintas fuentes.

La metodología que algunos analistas utilizamos para dicho cálculo se deriva del «despeje aritmético» que implica el múltiplo FV/ Ebitda. Donde el FV (*Firm Value*) es la suma del precio de mercado, la deuda neta e interés minoritario de una acción, y el Ebitda (*Earnings before interest taxes, depreciation & amortizations*), que se entiende como la utilidad operativa más la depreciación de una acción. Por lo general, asumimos permanencia en el nivel de deuda, interés minoritario y depreciación de las empresas, por lo que las variables importantes terminan siendo: 1) El Ebitda estimado (crecimiento nominal de utilidades operativas). 2) El nivel de valuación (múltiplo) esperado. Para esta última variable, tomamos como referencia parámetros históricos y sectoriales a nivel internacional.

El gremio bursátil (local e internacional) utiliza por lo general rangos de 12-18 meses futuros para establecer precios objetivos. Pero un problema común es que no todos se inician o revisan en una misma fecha, por lo que su comparación en términos de rendimientos esperados no es válida, ya que los tiempos esperados son distintos.

Cuadro 9. Proceso de cálculo para precios objetivos

	Paso 1	Paso 2	Paso 3	Paso 4
Concepto	Se identifican los componentes del múltiplo FV/Ebitda actual (últimos doce meses).	Se determina un crecimiento nominal (real + inflación) en uti. operativa.	Se determina el nivel del múltiplo (FV/Ebitda) que el inversionista estará dispuesto a pagar.	Se despeja la variable de precio en la fórmula del múltiplo estimado. Esto es, el **precio objetivo** (PO).
Fórmula	FV/Ebitda = 10/2 = 5x (Precio + DN + IM)/(Ut. Op + Dep)	Ejemplo: 30% = 1,8 + 30% = 2,34	Ejemplo: 6x	PO = (Mult. estimado x (Ut. Op. estim. + Dep) - (DN - IM) PO = (6x (2,34 + 0,2))-(2-0) = **13,24**
Desglose	FV (Pcio. + DN + IM) = 10 **Precio Actual = 8** Duda Neta = 2 Interés minoritario = 0 Ebitda (Ut. Op + Dep) = 2 Ut. operativa = 1.8 Depreciación = 0.2	El crecimiento es nominal y no real pues la estimación de rendimientos se hace también en términos nominales y no reales.	El dato se justifica por una referencia histórica y una sectorial internacional. Ejes: el múltiplo promedio de los últimos tres años es de 6,5x y otras empresas del sector en el mundo se pagan con FV/Ebitda de 5,5x. Por lo tanto, 6x es razonable.	Como se mencionó antes, se asume que la deuda neta (DN), la depreciación (Dep.) y el Interés Minoritario (IM) se mantienen.

Fuente: Ixe Casa de Bolsa

Sobre la diversificación inteligente

A reserva de profundizar más sobre la manera en que el riesgo puede disminuir en las etapas de diversificación y de momento (reacción oportuna para un cambio de tendencia), comparto a continuación con el lector una experiencia a manera de obra de teatro o fábula que ejemplifica muy bien la importancia de la diversificación.

Primer acto: todo comenzó... Había una vez una emisora que se colocó en Bolsa con perspectivas fundamentales muy positivas (del sector y propias). Su demanda y precio de colocación crecía, pues emisoras similares se habían ubicado previamente con éxito y el ánimo del mercado resultaba muy positivo. No obstante, al momento de su colocación, surgió la preocupación a nivel internacional por el inicio de una crisis económica en un país líder mundial que hizo que el precio de la acción comenzara a bajar inmediatamente después de su colocación.

Segundo acto: siguió cayendo... Posible oportunidad. Tras una fuerte baja acumulada en su precio desde el momento de su colocación y ante la posibilidad de estar padeciendo un castigo «excesivo», dos inversionistas decidieron incorporar esta acción en sus portafolios en espera de mejores resultados financieros.

Tercer acto: un mal reporte. Unos meses después, la empresa reportó en sus números financieros trimestrales síntomas de debilidad, con lo que el precio de mercado cayó aún más.

Acto final: Un inversionista pierde mucho más que otro. Al final de esta historia, un inversionista se encontraba sumamente preocupado por la minusvalía (ya veremos que ésta no es igual a pérdida) que generaba la caída al haber concentrado una parte importante de su portafolio en esa acción. A otro inversionista le afectó mucho menos, pues había podido compensar la minusvalía de la empresa de esta historia con los avances en los precios de otras acciones que le había permitido un portafolio más diversificado.

Ambos inversionistas «midieron» sus resultados en función del desempeño que en el mismo tiempo había tenido el IPyC. Las acciones de la empresa perdedora no formaban parte del Índice, pues se trataba de una emisora que recién había salido a Bolsa (colocación primaria), por lo que su caída nunca afectó al índice.

Moraleja: primero el riesgo... Luego el rendimiento

La anterior es una historia real en donde el nombre de la emisora es lo menos importante. Lo trascendente es entender que el riesgo de inversión en Bolsa sucede durante distintos niveles de decisión (selección, distribución y *Timing*). En muchas ocasiones no basta una buena selección de valores por criterios fundamentales, también es importante una «diversificación inteligente» que procure «armar» portafolios **no muy distintos a la estructura del IPyC**, el parámetro natural a vencer por parte de cualquiera que invierte en Bolsa en México.

11

Los mayores beneficios suceden evitando las bajas

«El que pega primero, pega dos veces».
Refrán popular

De poco le sirvió a muchos inversionistas participar en el extraordinario avance del IPyC registrado en los años de 2003 al 2006, cuando éste acumuló rendimientos nominales anuales promedio de 40,0%, si durante la crisis del 2008 aquellas plusvalías acumuladas de más de 300,0% desaparecieron rápidamente para dar cabida a minusvalías que llegaron a alcanzar más de 80,0%.

Lo más lamentable fue que algunos inversionistas decidieron «convertir» las minusvalías en pérdidas (en la siguiente lección platicaremos sobre las diferencias entre las minusvalías y las pérdidas).

Desde hace muchos años, esta situación ha sido recurrente. Y es que durante los ciclos de alza de la Bolsa los participantes se alegran y en realidad es difícil NO GANAR, incluso sin metodologías y sin disciplina.

Aunque en los momentos de alza el reto para el participante se vuelve no «vender antes de tiempo», éste tampoco lamenta demasiado salir antes de tiempo al argumentar que nadie podía asegurar que la Bolsa seguiría subiendo, que «tomó muy buenas utilidades» y que sea «otro quien gane el último peso». Interesantes las justificaciones. La realidad es que en ocasiones el costo de oportunidad resulta altísimo (por ejemplo, vender una acción con una ganancia de 20,0%, cuando el avance completo antes de un cambio de tendencia fue de 80,0%).

Encontrar el momento oportuno para participar en Bolsa (comprar o vender) equivale a la búsqueda del alquimista para convertir el plomo en oro: «El que lo descubra será millonario».

Este enfoque históricamente ha sido el de mayor atención para el tipo de participante *Trader*, es decir, el inversionista poco «fundamental» (considera poco aspectos económicos, financieros y cualitativos de la economía y las empresas) que atiende principalmente el comportamiento histórico de los precios de las acciones para, a partir de su comportamiento (tendencias y formaciones), realizar los siguientes movimientos.

Esta forma de examinar y participar en el mercado se conoce como análisis técnico. Actualmente existen literalmente miles de herramientas relacionadas con este tipo de análisis que buscan identificar comportamientos y pronosticar movimientos futuros. En términos generales, la división entre dichas herramientas obedece a aquellas que resultan útiles para participar en comportamientos de tendencia del mercado (alzas o bajas) y aquellas que funcionan mejor en «acumulaciones» o movimientos laterales. Al final, el reto sigue siendo muy difícil: identificar cuándo comienza y finaliza un movimiento de tendencia y cuándo uno de acumulación.

Desde hace también mucho tiempo, existe cierta «competencia» entre analistas y participantes fundamentales (institucionales) y técnicos. Cada uno defiende las bases y principios de cada escuela con conceptos que pueden resultar o no convincentes.

Los fundamentalistas argumentarán que un buen ejercicio de selección y de diversificación en el proceso de construcción de un portafolio en Bolsa ha sido siempre suficiente para vencer en el tiempo (más de tres años como equivalente de largo plazo) a los índices de referencia o parámetros a vencer (*Benchmark*) que en el caso de México es el IPyC, mientras que los técnicos insistirán en que son tantos los factores que intervienen que un análisis fundamental no es suficiente y que al estudiar el comportamiento de precios se incorporan implícitamente TODAS las demás variables.

En la práctica

Mi experiencia con los buenos resultados en el tiempo en Bolsa proviene de no poner a competir ambas escuelas o tipos de análisis, sino complementarlos (utilizar lo mejor da cada una).

Lo importante de esta lección es comunicar el hecho de que existen herramientas de corte técnico **que sin pretender pronosticar el comportamiento bursátil han sido muy eficientes para poder tener una reacción oportuna ante posibles cambios de tendencia en Bolsa.**

Desde hace varios años, al reconocer dicha condición, analizamos los resultados a mayor plazo (horizonte adecuado para el inversionista bursátil) entre distintas herramientas técnicas luego de «ponerlas a competir» (soportes y resistencias, ondas de Elliot, RSI, promedios móviles, etc.) para identificar cuál de ellas de manera independiente (individual) y con un empleo consistente presentaba los mejores resultados.

La que mejor resultado tuvo fue el promedio móvil a un plazo de 30 días. Al entender, razonar e interpretar mejor dicha herramienta nos convenció aún más.

¿Cómo funciona?

El promedio móvil es una herramienta que «suaviza» la tendencia del movimiento de un precio o un índice. Existen promedios días de distintos números de éstos. Entre mayor es el número de ellos, el promedio se aleja más del precio diario, mientras que entre menor es el número de días, más cerca estará del precio.

El promedio se calcula tomando en cuenta el número de días que indica su promedio. Ejemplo PM30d: se suman los precios de 30 días si el promedio es 30 días y se divide entre 30. A partir del día 30 se grafica el PM30d y desde ese día en adelante se suma el precio de uno nuevo y se elimina el más antiguo. Por eso se llama promedio MÓVIL, pues se mueve diariamente.

El cuadro siguiente ejemplifica el comportamiento en el precio de una acción por 50 días con el cálculo de sus respectivos promedios móviles de 10 y 30 días, respectivamente. Observe cómo el cálculo comienza en los días 10 y 30 según cada promedio.

Cuadro 10. Precios acción con promedios móviles de 10 y 30 días

Señal del PM30d	Días	Precio	PM10d	PM30d
	1	23,0		
	2	24,0		
	3	24.		
	4	24,0		
	5	25,0		
	6	26,0		
	7	27,0		
	8	26,0		
	9	25,0		
	10	24,0	24,8	
	11	23,0	24,8	
	12	22,0	24,6	
	13	25,0	24,7	
	14	23,0	24,6	
	15	22,0	24,3	
	16	21,0	23,8	
	17	24,0	23,5	
	18	26,0	23,5	
	19	27,0	23,7	
	20	27,0	24,0	
	21	28,0	24,5	
	22	29,0	25,2	
	23	29,0	25,6	
	24	28,0	26,1	
	25	29,0	26,8	
	26	30,0	27,7	
	27	30,0	28,3	
	28	29,0	28,6	
	29	30,0	28,9	

Señal del PM30d	Días	Precio	PM10d	PM30d
	30	31,0	29,3	26,0
	31	30,0	29,5	26,3
	32	30,0	29,6	26,5
	33	29,0	29,6	26,6
	34	28,0	29,6	26,8
Inicia tendencia de baja	**35**	**26,0**	**29,3**	**26,8**
	36	24,0	28,7	26,7
	37	23,0	28,0	26,6
	38	20,0	27,1	26,4
	39	18,0	25,9	26,2
	40	15,0	24,3	25,9
	41	13,0	22,6	25,5
	42	14,0	21,0	25,3
	43	15,0	19,6	24,9
	44	17,0	18,5	24,7
	45	19,0	17,8	24,6
	46	19,0	17,3	24,6
	47	22,0	17,2	24,5
Inicia tendencia de alza	**48**	**25,0**	**17,7**	**24,5**
	49	27,0	18,6	24,5
	50	30,0	20,1	24,6

En forma de gráfica

El cuadro anterior se grafica líneas abajo. Cuando el PM30d «cruza» a la baja el precio de la acción (ver cuadro en el día 35), se interpreta como el posible inicio de una tendencia a la baja. En ese momento las exposiciones en Bolsa disminuyen de manera importante.

De manera contraria, cuando el PM30d cruza a la alza (día 48 en el cuadro) el precio de la acción se interpreta como el posible inicio de una tendencia a la alza.

El promedio móvil de 10 días (PM10d) demuestra en la gráfica como son más cercanos a los precios.

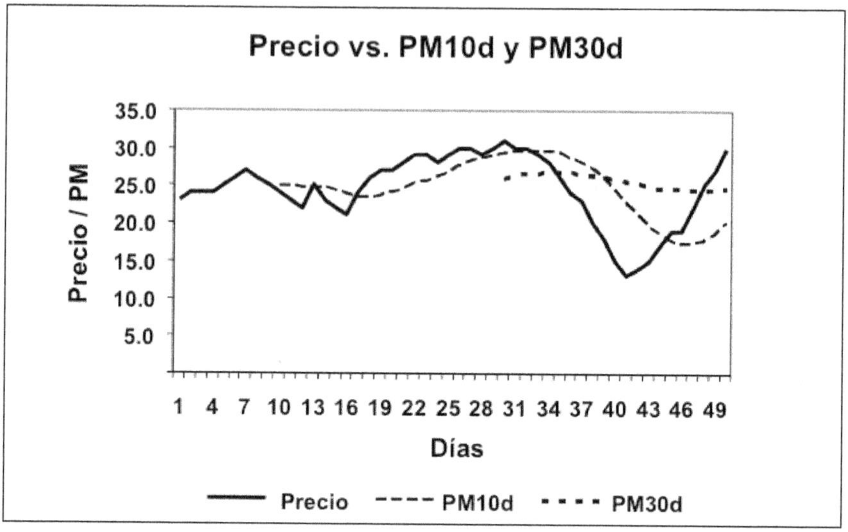

Aprendizaje permanente

Con el tiempo hemos perfeccionado esta herramienta técnica básica con otros elementos que han permitido eficientar resultados. La validación de la señal de posibles cambios de tendencia luego de un «margen» de cruce, el empleo de un volumen mínimo de operación y la incorporación de un promedio móvil menor (diez días) en periodos de mayor volatilidad son algunas de las mejoras que han contribuido a hacer más eficiente la herramienta.

Para diferenciar dichas mejoras de un promedio móvil típico o tradicional fue que identificamos nuestra herramienta como ET (estrategia de tendencia).

Nunca hemos dicho que este instrumento sea el ÚNICO o el MEJOR, sin embargo, los buenos resultados obtenidos nos han hecho sentir muy cómodos.

Disminuye el riesgo

El principal atributo de esta herramienta complementaria en la selección y distribución de acciones vuelve a ser la manera en que DISMINUYE RIESGOS (el enfoque general de toda la estrategia).

Los riesgos relacionados con una decisión de momento son:
1. Evitar la inversión o compra en un periodo de fuertes bajas (tendencia bajista).
2. Evitar vender («salir» del mercado) antes de tiempo en un periodo de alza importante (tendencia alcista).

Si bien esta herramienta genera cierto malestar en momentos de indefinición del mercado, expresado en un comportamiento lateral («acumulación») en el que la herramienta ET puede aparentar varias señales «falsas», la historia indica que al momento en que el mercado define una tendencia los rendimientos o la evasión de pérdidas compensa cualquier señal falsa. Ésta es la misma razón que justifica el escenario a largo plazo, y es que entre más pasa el tiempo y la herramienta se utiliza de manera disciplinada se evitan más caídas y se invierte mayor tiempo en las tendencias alcistas.

Cuadro 11. Historia de evolución en herramienta

Momento	Aprendizaje en desarrollo de herramienta
1988	Primeros ejercicios para buscar entre distintas herramientas técnicas aquella con los mejores resultados en el tiempo: promedio móvil de 30 días.
1994-1995	Automatización de señales por emisoras e incorporación de señales «especulativas».
1998-2000	Incorporación de volumen para validación de señales y de un rango de validación de 1,0% para hacer más señales eficientes.
2002	Incorporación de nuevos rangos de validación con varias señales seguidas en periodos laterales.
2003	Se incorpora el promedio móvil ideal (PMI). El promedio móvil de 30 días pasa a 31 y para cada emisora se calculó uno individual en un rango de 20-40 días.
2008	Se incorpora la **volatilidad** como variable para optimizar el rango de validación con promedios móviles de 31 y 10 días.

Fuente: Ixe Casa de Bolsa

Se gana evitando caídas

La experiencia de la crisis de 2008 demostró nuevamente que a mayor plazo los resultados en Bolsa son mayores en la medida en que el participante puede evitar fuertes bajas. Como decíamos al inicio de esta lección, de poco sirve ganar mucho en un periodo de alza si también se pierde mucho con una baja y la recuperación vuelve a tomar tiempo. Es precisamente esta herramienta la que tarde o temprano permite evitar fuertes caídas mejorando significativamente los resultados.

La gráfica siguiente indica los momentos en que este instrumento en la práctica evitó participar en los momentos de mayor caída del IPyC durante la crisis de 2008 y el inicio de 2009. No fue la primera vez que sucedió, la señal fue muy parecida en otras caídas anteriores (1994, 2000, 2004, etcétera).

Los círculos en la gráfica corresponden a los periodos en que la herramienta ET estuvo fuera.

Señales con herramienta ET en los últimos doce meses (febrero 2009)

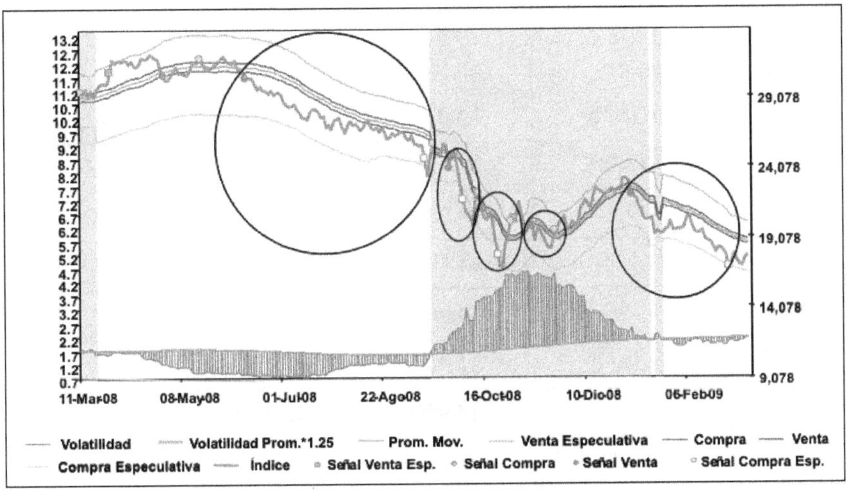

La mejor prueba: ¡Los resultados!

El cuadro de la siguiente página presenta un comparativo entre resultados año por año del rendimiento nominal del IPyC *vs.* el empleo de la herramienta ET en el mismo índice.

En los últimos 22 años (considerando 2009 hasta el 11 de marzo), en 16 ocasiones (73,0% de las veces) la estrategia con ET mejoró el resultado de una estrategia permanente en Bolsa a pesar de haberse acumulado en algunos años un número alto de «señales» (posibles cambios de tendencia).

El promedio de «señales» de posibles cambios de tendencia por año en 22 años ha sido 10 veces.

Cuadro 12. Comparativo de resultados año por año entre IPyC e IPyC con ET (actualizado al 11 de marzo de 2009)

Año	**Variación IPyC**	**Variación ET**	**ET-IPyC**	**Número de señales**
1988	100,18%	**120,01%**	11,79 pp	14
1989	98,05%	**100,44%**	2,39 pp	9
1990	50,09%	**63,07%**	12,98 pp	6
1991	**127,65%**	113,43%	-14,23 pp	7
1992	22,91%	**38,93%**	12,82 pp	14
1993	47,92%	**64,18%**	16,26 pp	6
1994	-8,72%	**24,00%**	32,72 pp	12
1995	16,96%	**51,96%**	35,01 pp	16
1996	**20,97%**	15,94%	-4,68 pp	11
1997	**55,59%**	37,63%	-20,83 pp	13
1998	-24,28%	**-7,44%**	13,88 pp	21
1999	80,06%	**108,94%**	28,88 pp	7
2000	-20,73%	-0,11%	20,62 pp	13
2001	**12,74%**	7,16%	-5,58 pp	13
2002	-3,85%	**5,15%**	9,00 pp	12
2003	43,55%	**47,30%**	3,75 pp	2
2004	**46,87%**	42,45%	-4,42 pp	8
2005	37,81%	**37,90%**	0,08 pp	10
2006	48,56%	**50,54%**	1,97 pp	10
2007	11,68%	**18,89%**	7,21 pp	11
2008	**-24,23%**	**5,65%**	29,87 pp	13
2009	**-20,76%**	**-0,29%**	20,48 pp	1

Fuente: BMV/Ixe Casa de Bolsa

A pesar de la contundencia de los resultados de la tabla anterior, un comparativo anual lo calificamos de «injusto» si recordamos que el enfoque más apropiado para la inversión en Bolsa es de largo plazo.

En un ejercicio con resultados más representativos debido a que considera resultados acumulados a mayor plazo, la contundencia de la eficiencia es todavía mayor. En un comparativo del IPyC *vs.* el IPyC con la herramienta ET de los últimos 3, 5, 10 y 15 años, los resultados nominales acumulados al 11 de marzo de 2009 fueron para el IPyC de -0,4, 101, 6, 347, 8 y 580, 0%, respectivamente *vs.* ganancias de 88, 5, 270, 3, 1.182, 9 y 3.470,0% para los mismos periodos usando la herramienta ET.

Tras haber «aguantado» algunas señales «falsas» en épocas inciertas traducidas en movimientos laterales (acumulación), el haber evitado finalmente importantes caídas en el contexto de la crisis de aquellos meses fue sumamente rentable. Dicha condición no es nueva. Estadísticamente, el mejor desempeño (rendimiento) en Bolsa se ha logrado evitando las bajas, pues durante las alzas todos ganan.

Cuadro 13. Comparativo de resultados acumulado entre IPC e IPC con ET (actualizado al 11 de marzo de 2009)

	Variación IPC	**Variación IPyC ET**	**Número de señales**
23 Años + 2009	1.582,74 x	**29.893,75 x**	254
22 Años + 2009	375,49 x	6.420,36 x	242
21 Años + 2009	166,82 x	1.249,06 x	229
20 Años + 2009	82,83 x	**567,18 x**	215
19 Años + 2009	41,33 x	**282,47 x**	206
18 Años + 2009	27,20 x	**172,83 x**	200
17 Años + 2009	11,39 x	80,45 x	193
16 Años + 2009	9,08 x	**57,62 x**	179
15 Años + 2009	5,81 x	34,71 x	173
14 Años + 2009	6,46 x	**27,79 x**	161
13 Años + 2009	5,38 x	17,95 x	145
12 Años + 2009	4,28 x	**15,34 x**	134
11 Años + 2009	2,39 x	**10,88 x**	121

10 Años + 2009	347,85%	**1.182,99%**	100
9 Años + 2009	148,72%	514,04%	93
8 Años + 2009	213,74%	**514,71%**	80
7 Años + 2009	178,29%	**473,62%**	67
6 Años + 2009	189,42%	**445,51%**	55
5 Años + 2009	101,62%	270,34%	53
4 Años + 2009	37,28%	159,98%	45
3 Años + 2009	-0,39%	88,53%	35
2 Años + 2009	-32,95%	25,24%	25
Un año + 2009	-39,96%	5,34%	14

Fuente: BMV/Ixe Casa de Bolsa

12

Una reacción oportuna es más valiosa que un pronóstico fallido

«La ventaja se la lleva aquel que
aprovecha el momento oportuno».

Johann Wolfgang Goethe

La presente está muy relacionada con la lección anterior. De hecho, de lo concluido, se demostró que los mayores beneficios en Bolsa a mayor plazo suceden evitando las bajas. Y de esto se derivan dos lecciones más: 1) Ésta que platicaremos respecto a la manera en que una reacción oportuna muchas veces es más valiosa que un pronóstico fallido. 2) Que el largo plazo no significa estar **siempre** invertido (la próxima lección).

El empleo de herramientas técnicas como una medida **reactiva** reconoce lo comentado en la Lección 4: Son varios factores los que intervienen consistentemente en el comportamiento de un precio de mercado. No son únicamente factores fundamentales, y por lo tanto no podemos **tomar los riesgos** relacionados con:

- No atender factores no considerados en escenarios de inversión.
- No conocer oportunamente el desarrollo de un nuevo factor.
- No reconocer un impacto distinto (más o menos importante) en el precio de una acción asociado con alguna variable a pesar de haberla anticipado correctamente.

Como se ve, una lección muy relacionada con la precedente pero que no podía dejar de incluirse de manera independiente y aprenderla bien para siempre.

13

Largo plazo no significa estar siempre invertido

«Después de saber cuándo debemos aprovechar
una oportunidad, lo más importante es saber
cuándo debemos renunciar a una ventaja».
Benjamin Disraeli

Esta lección confirma que durante la crisis de 2008 el empleo de herramientas **reactivas** pudo evitar de manera oportuna permanecer invertido en una baja en el mercado accionario.

La reflexión que comparto no es menor, pues por mucho tiempo se ha insistido en que la alternativa de inversión en Bolsa debe ser considerada en escenarios de mayor plazo (recuerde que eso significa no menos de tres años). ¡Y esto es cierto! Sin embargo, no se confunda, largo plazo no quiere decir que tenga que estar siempre invertido.

Esto significa que después de tres años de invertir en Bolsa, es decir, destinar un monto de dinero que usted no requiere usar para un proyecto específico de corto plazo (una casa, un viaje, un auto, etc.), seguramente su rendimiento será mejor que el de cualquier otra alternativa (así lo demuestra la información histórica, por favor, vea los anexos estadísticos al final del libro).

No obstante, durante ese largo plazo no necesariamente deberá estar **siempre** invertido, únicamente cuando la tendencia del mercado indique un alza, evitando al mismo tiempo los movimientos de baja.

Importante: Como complemento al empleo de la herramienta ET, conviene señalar que ésta estadísticamente no indica los cambios de tendencia en los niveles más altos o en los más bajos del mercado o de una acción en particular. Sin embargo, por lo general (salvo en movimientos extraordinarios muy fuertes de un día) las señales de «entrada» (compra) o «salida» (venta) suceden muy cerca de los niveles máximos y/o mínimos y es por ello que los resultados lucen tan atractivos en el tiempo.

Desde hace muchos años, cada vez que comparto este tipo de estrategias con inversionistas potenciales o que ya participan en el mercado, la mayoría se siente automáticamente atraído por ellas posiblemente por su sencillez, por su enfoque a la disminución de riesgos pero principalmente por sus resultados.

No obstante, son muy pocos aquellos que finalmente las ponen en práctica y no caen en la tentación de comenzar a hacer «excepciones», de atender corazonadas, rumores y demás. Ya sabe, no ser disciplinados.

14

¡Minusvalía no es pérdida!

«Perder el dinero es a menudo un delito;
adquirirlo por malas artes es aún peor,
y malgastarlo es lo peor de todo».
John Ruskin

A lo largo de 2008, a raíz de la fuerte caída en los precios de prácticamente todas las acciones de las empresas mexicanas que cotizaban en Bolsa, preguntas como: ¿En dónde quedaron las pérdidas? O ¿quién ganó o perdió?, fueron muy recurrentes entre participantes y no participantes del mercado.

Asumiendo el riesgo de ser demasiado obvio o «básico», aquí expongo una explicación sencilla («con manzanas») que me ayudó a entender y después poder responder estas mismas preguntas hace ya algunos años.

Suponga que usted, yo y un tercero tenemos tres manzanas cada uno y éstas tenían ayer un precio de diez pesos ($10,00). Ello significa que cada uno de nosotros tenemos un activo (manzanas) con un valor total de treinta pesos ($30,00). Si el día de mañana, por cualquier razón (urge dinero, ya no gustan las manzanas, etc.), yo decido vender una (1) a dos pesos ($2,00), entonces el valor total de su inversión y la del tercero disminuye a seis pesos (3m x $2,00 = $6,00), pues ahora en el «mercado» las manzanas valen $2,00.

¿Usted perdió? En un sentido estricto ¡NO!, sigue teniendo los mismos activos que compró hace tiempo. ¡Usted tiene aún sus tres manzanas!, sólo que ahora valen dos pesos cada una, es decir, tiene una **minusvalía** (menor valor) en los activos. Únicamente perdería si comprara las manzanas a $10,00 y las vendiera a $2,00, pues de esa manera se queda sin manzanas.

Lo mismo pasa con las acciones, no se trata de una pérdida o ganancia monetaria, se trata de un cambio en el valor de los activos que en este caso son acciones. Si usted no vende, mantiene lo que compró. ¡Acciones de una empresa! Usted es dueño proporcional de una empresa mexicana que cotiza en Bolsa y por eso es importante atender un buen análisis en el proceso de selección de emisoras, empresas en buenos sectores, con perspectivas de crecimiento, saludables (sin deuda en exceso), con buena bursatilidad, política de pago de dividendos y valuaciones justas (independientemente del fuerte castigo actual). Esto es buenas manzanas y no frutas maltratadas.

Por otra parte, si usted tiene hoy o en cualquier momento acciones que no le gustan porque su perspectiva haya cambiado o simplemente porque hay otras que se ven mejor en su condición fundamental (mayor demanda, mejores ventas, márgenes, mejor bursatilidad, valuación, mayor fortaleza en su estructura, etc.) nunca dude en cambiarlas.

Si las vende para comprar otras acciones ¡NO PIERDE!, simplemente está intercambiando o transfiriendo su tipo de activos, cambia de manzanas a naranjas al considerar que a futuro habrá mayor demanda por el jugo de naranja que por la ensalada de manzana. No espera «hasta que el precio de sus acciones se recupere» pues dejará pasar el avance de otras acciones que son fundamentalmente mejores. El mismo razonamiento aplica para la ganancia o plusvalía, tampoco gana hasta que vende.

Entiendo que la explicación pudiera no gustar a muchos que sigan con minusvalías importantes y que pudieran argumentar que en algún momento éstas podrían ser pérdidas si las empresas «quiebran» o dejan de existir como resultado de una mala condición fundamental. Eso es distinto, por eso comenté que habría que estar atento siempre e intercambiar o transferirse hacia activos con mejores fundamentos. A esperar entonces la temporada de manzanas.

15

La historia bursátil la han «escrito» los perdedores

«Feliz el pueblo, cuya historia se lee con aburrimiento».
Montesquieu

Una cita anónima dice que «La historia la escriben los vencedores», esto implica que la visión de los aztecas sobre lo sucedido durante la conquista de México seguramente fue distinta a la de los españoles, cuya versión es la que estudiamos en las escuelas. Lo mismo sucedió seguramente con las tribus de indios en Norteamérica, quienes prácticamente se extinguieron frente a los vaqueros «caras pálida», o con los faraones egipcios frente a los esclavos.

En el caso de la historia bursátil en México, mi impresión es que su difusión ha venido más de los perdedores, es decir, del grupo de inversionistas que tuvieron una experiencia desafortunada al participar en el mercado accionario con importantes minusvalías en ciclos de baja, las cuales en muchos casos se convirtieron en pérdidas. Son siempre este grupo y este tipo de «historias» las que captan el interés de la mayoría y que a los medios de comunicación les gusta difundir, pues son sin duda «las que más venden».

En México, sin considerar la participación indirecta que muchos trabajadores tienen en el mercado accionario a través de sus respectivas Siefores desde 2005 (ver comentario en recuadro siguiente), en realidad son muy pocos ciudadanos los que invierten directamente en Bolsa. Hasta hace algún tiempo, por cada 10.000 habitantes de la población económicamente activa (PEA) en nuestro país, únicamente 35 de ellos invertían en Bolsa, cuando en países como

Estados Unidos por cada 100 habitantes de la PEA 60 participan, es decir, el 60%.

En enero del 2005, las autoridades financieras autorizaron a las Sociedades de Inversión Especializadas en Fondos para el Retiro (Siefores) invertir en renta variable nacional y del extranjero con la finalidad de buscar mejores rendimientos para los trabajadores.

El 15 de septiembre de 2006, la Comisión Nacional del Sistema de Ahorro para el Retiro (CONSAR) dio a conocer la actualización de los índices accionarios autorizados para los portafolios de Siefores, además de la ratificación del IPyC y destacó la inclusión del IMC-30 (Índice de Mediana Capitalización).

En marzo de 2008 se amplió de dos a cinco el número de Siefores que las Afores pueden ofrecer, como parte de un nuevo mandato para optimizar las ganancias de los ahorradores. Las nuevas Siefores dieron a los trabajadores más jóvenes una mayor exposición a activos con mayores rendimientos y mayores riesgos, como las acciones, al tiempo que los ahorros de los trabajadores más antiguos y cercanos al retiro estarían invertidos de manera exclusiva en valores de renta fija.

Cada Afore decide cuántas Siefore quiere ofrecer (máximo cinco). La proporción actual (abril de 2009) como máximo en los activos en acciones es de 0,0% (número 1) en la más conservadora, y de hasta 30,0% en la más agresiva (número 5). En marzo de 2008, la autoridad en México estableció la concentración de las Siefores en acciones únicamente mexicanas como una medida de apoyo al mercado en medio de la crisis.

Cuando me preguntan el porqué de esta proporción tan baja en nuestro país, mi respuesta es contundente: No es únicamente porque existan pocas acciones en Bolsa, tampoco porque muchas de ellas no tengan un mejor nivel de bursatilidad que les permita mayor operación, o porque la economía del país se considera «emergente». Tiene que ver con el poco conocimiento que existe sobre la manera correcta de invertir en Bolsa, sobre la mínima difusión y/o información que ha existido por muchos muchos años sobre la inversión bursátil.

Desde hace también bastante tiempo el actor predominante en el mercado accionario en México es el internacional. Cualquier día festivo en Estados Unidos (Día de la Independencia, de los Presidentes, de Acción de Gracias, etc.) en que los inversionistas internacionales descansan (bolsas en aquel país cerradas), el volumen de operación en el mercado mexicano disminuye en más de 80,0%.

Cada vez que tengo la oportunidad de presentarme en algún foro local (universidades, colegios, institutos públicos o privados, asociaciones, etc.) corroboro que el escaso conocimiento sobre la realidad de este mercado en nuestro país es generalizada. Y esta falta de información no se relaciona con clases socioeconómicas o perfiles educativos, la mayoría de los mexicanos sigue pensando que para invertir en Bolsa se requieren montos muy grandes de ahorro o inversión, que su participación requiere de mucho conocimiento o tiempo, de que su resultado depende completamente de temas fortuitos, de suerte; la gente llama «apostar» o «adivinar» a lo que debería ser metodologías y procesos disciplinados. ¡Nada más equivocado!

Es así que se combina una proporción muy pequeña de individuos que participan en Bolsa con una forma general equivocada de invertir (sin atender metodologías, procesos y disciplinas) y cuyas consecuencias se traducen en malos resultados que terminan por difundirse a través de medios, una historia bursátil que en realidad no refleja la **verdadera oportunidad** y los extraordinarios resultados para la construcción de un patrimonio que esta alternativa ha registrado desde hace mucho tiempo y que seguirá sucediendo para quienes lo hacen de la forma correcta.

Decídase usted ya a formar parte de una historia distinta en la Bolsa mexicana, anímese a integrarse a un grupo ganador y a difundir su realidad.

16

Los movimientos son en dólares

«La única verdad es la realidad».
Aristóteles

Aunque seguramente resultará evidente para muchos lectores esta breve lección, hay algo que deseo comentar, pues durante algunos de los días de mayor incertidumbre y volatilidad del mercado accionario en México en 2008 y principios de 2009 seguían existiendo varios participantes que señalaba un «aparente» menor castigo que el IPyC respecto a la caída de otras bolsas (índices accionarios) a nivel internacional.

La realidad es que bajo una medición del comportamiento (variación %) en dólares, la caída en nuestra Bolsa estaba resultando mucho mayor debido al debilitamiento que al mismo tiempo sucedía con nuestra moneda frente al dólar.

La lectura (medición) correcta sobre el comportamiento bursátil en México ha sido y será siempre dólares, pues como señalábamos en la lección anterior son los inversionistas internacionales quienes siguen predominando en nuestro mercado.

Estos mismos actores deciden sus inversiones en un universo global de alternativas (fondos globales o especializadas en las categorías de países desarrollados y/o emergentes) que permanecen todos los días en fuerte competencia, y por ello llevan todas sus comparaciones en dólares. Esta situación «juega» en ambos sentidos. Al inicio de 2008 (ver gráfica) la variación de nuestra Bolsa resultó mejor a la medición nominal en pesos, sin embargo, hacia la segunda mitad del año no fue así. El IPyC concluyó 2008 con una caída nominal de -24,23%, mientras que en dólares fue de -40,26%.

De manera contraria, el IPyC y el tipo de cambio observaron una mejora hacia la primera quincena de marzo de 2009, cuando una favorable coincidencia de eventos locales e internacionales se «alinearon» para mejorar su desempeño (mejores resultados de Citigroup en Estados Unidos, reconocimiento de apoyo absoluto al sector financiero estadounidense, Reserva Federal compra bonos a largo plazo por un trillón de dólares, mejor opinión para la inversión bursátil en México en la región de América Latina, China fortalece un plan de estímulos económicos, las Siefores invierten sólo en acciones mexicanas, Banco de México disminuye 75pb sus tasas de interés de fondeo, el Departamento del Tesoro en Estados Unidos detalla su plan de compra de «activos tóxicos» en el sector financiero de aquel país, mejores datos del sector vivienda, etcétera).

En los primeros tres días de la semana del miércoles 18 de marzo de 2008, el avance nominal acumulado del IPyC era apenas de 0,94%, mientras que en dólares alcanzaba 5,22%.

Comparativo variación porcentual nominal *vs.* variación porcentual en dólares en el IPyC

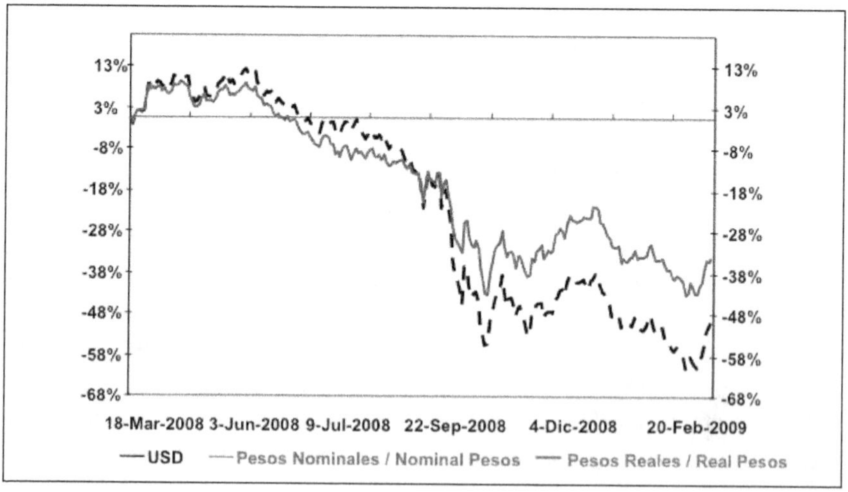

Cuadro 14. Comparativo nominal vs. dólares en el IPyC

	Máximo	**Promedio**	**Mínimo**	**Actual**
Dólares	**3.091,00**	**2.185,17**	**1.092,89**	**1.407,49**
Var. % *vs.* Máx.		-29,31%	-64,64%	**-54,46%**
Var. % *vs.* Prom.	41,45%		-49,99%	**-35,59%**
Var. % *vs.* Mín.	182,83%	99,94%		**28,79%**
Peso nominal	**32.095,04**	**24.880,07**	**16.868,66**	**19.620,48**
Var. % *vs.* Máx.		-22,48%	-47,44%	**-38,87%**
Var. % *vs.* Prom.	29,00%		-32,20%	**-21,14%**
Var. % *vs.* Mín.	90,26%	47,49%		**16,31%**

Fuente: Ixe Casa de Bolsa/BMV

17

La volatilidad refleja capacidad de asombro

> «Ayúdame a comprender lo que
> os digo y lo explicaré mejor».
> Antonio Machado

Sin ser demasiado «técnicos», la volatilidad se entiende en el ambiente bursátil como la variación porcentual (%) en los precios que presenta diariamente el índice accionario, el —IPyC, y/o cualquier precio de acción individual.

A lo largo de 2008 fue recurrente escuchar sobre «una volatilidad sin precedentes» y/o «la mayor volatilidad histórica del mercado».

Aunque muy alta sin duda, la realidad es que en el mercado accionario mexicano se habían registrado en otras ocasiones (años) niveles de volatilidad más altos. La diferencia de la que vivimos durante varias semanas de agosto a octubre de 2008 fue que se presentó en un mayor número de días, situación que dificultó la implementación de cualquier estrategia, incluso para los participantes *Traders* que en un mismo día y en varias ocasiones veían ir y venir los precios con variaciones de más de 5,0%.

Volatilidad: desviación estándar de las variaciones del precio de una acción o de un índice. Este concepto es el generalmente aceptado en los centros bursátiles internacionales, incluyendo la Bolsa Mexicana de Valores, y proporciona una estimación de la inestabilidad en el comportamiento de una variable a partir de datos históricos, los cuales pueden ser diarios, semanales, mensuales, anuales, etcétera.

En nuestro caso, utilizamos la desviación estándar de las variaciones diarias de precios durante periodos de 30 días.

Se indica una alta volatilidad cuando el cálculo anterior es superior al promedio de los últimos dos años.

El cuadro siguiente indica el nivel de volatilidad promedio diario de los últimos 21 años: 1988, 1995, 1998, 1999 y 2000 registraron mayor volatilidad que la que se acumuló en este año. El cuadro también recuerda la cantidad de días en que los niveles de volatilidad resultaron superiores a sus promedios históricos.

Cuadro 15. Comparativo de indicadores de volatilidad

Año	Volatilidad		Lugares	
	Promedio volatilidad diario	Suma de días de volatilidad*	Por volatilidad	Por días en volatilidad
1998	2.090	119	4	1
1995	2.179	88	2	2
2006	1.350	85	12	3
2008	1.740	78	6	4
2007	1.292	77	15	5
1992	1.523	76	8	6
1994	1.625	71	7	7
1988	2.411	69	1	8
2005	1.005	68	19	9
1997	1.502	64	9	10
1991	1.324	47	13	11
2000	2.133	38	3	12
1990	1.236	32	16	13
1999	1.850	27	5	14
2002	1.375	27	11	15
2004	0.910	27	20	16
2001	1.470	0	10	17
1989	1.309	0	14	17
1996	1.229	0	17	17
1993	1.186	0	18	17
2003	0,876	0	21	17

Fuente: Ixe Casa de Bolsa/BMV

* Días arriba del promedio de los últimos dos años

Detrás de la volatilidad

Comparto una reflexión que publiqué en noviembre de 2008 que pretendía explicar (entender) una parte de la razón de la mayor volatilidad de aquellos días, y del predominio de participantes tipo *Traders*, los cuales soportan su estrategia en este contexto en lo que llaman *Volatility Risk* (riesgo de volatilidad), el cual parecía estar limitado en aquel momento (octubre de 2008) a la baja por la propia fuerte caída acumulada en meses anteriores, que se había traducido en las valuaciones de crecimiento (FV/Ebitda) mínimas de quince años y precios de mercado a la mitad del valor del capital contable de muchas empresas.

Así fue. El IPyC alcanzó un mínimo cerca de 16.800 puntos para iniciar una fuerte recuperación. Hacia principios de marzo de 2009, la Bolsa registró nuevamente niveles cercanos a esos mínimos.

Reconocimos antes que nada la fuerte baja acumulada en un grupo de acciones. El ejemplo teórico supone que en una de ellas la caída ha sido de 80% (en gráfica). Tenía un precio original de $100,00 y llegó a $20,00 (A). A partir de dicho nivel, aparecen *Traders* con tal demanda que hacen que el precio de la acción suba $10,00 (B), es decir, un 50,0%. Ello significa que «regresa» a $30,00.

Si bien la recuperación porcentual del precio es extraordinaria (50%) e independientemente de la ganancia de corto plazo para el *Trader*, la realidad es que para el participante original de $100,00 la minusvalía sigue siendo de 70% (C), de $100,00 a $30,00. Así, pese a la «gran recuperación», la tendencia de baja no ha cambiado, y si no vendió antes, el comprador original sigue sin tener un incentivo para realizar la venta. El *Trader*, mientras tanto, podrá vender y esperar una nueva baja para hacer la misma operación. Las fuertes ganancias resultan a partir de la menor base (medida en precio) que ahora tienen muchas acciones luego de una caída tan fuerte.

Movimiento de precios y variaciones porcentuales

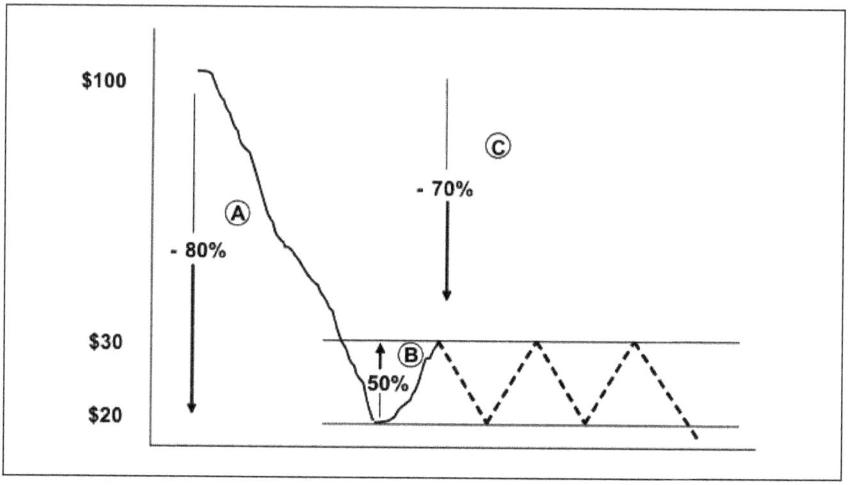

La capacidad de asombro

Detrás de la volatilidad existen muchas razones, pero sin duda la capacidad de asombro juega un papel muy importante. Fue de llamar la atención de cómo el nivel de volatilidad en Bolsa disminuyó en los primeros meses de 2009 (hasta la primera quincena de abril), a pesar de que el índice bursátil alcanzaba niveles casi tan bajos como en octubre de 2008 cuando la volatilidad resultaba muy alta.

Un extraordinario operador de capitales, y mejor amigo (Gilberto Cantú), nos hizo ver en alguna reunión cómo esta diferencia se explicaba en gran parte por la manera en que las primeras notas sobre quiebra de bancos, malos resultados, mayor desempleo, etc. fueron de mucho mayor impacto en los inversionistas, que algunos meses después cuando las mismas malas notas parecían ser de lo más «tradicional» y «cotidiano» en el mercado. ¡SÍ!, nos habíamos acostumbrado y estábamos ya psicológicamente preparados a seguir recibiendo malas noticias y por ello la volatilidad aumentaba como las primeras veces en que comenzaron a llegar las malas nuevas.

18

La disciplina paga

«Si no actúas como piensas, vas
a terminar pensando como actúas».
Blaise Pascal

Ésta ha sido una lección permanente antes, durante y después de cualquier crisis.

El título original que consideré para esta lección fue «¡Qué difícil resulta ser disciplinado!», pero me pareció después más apropiado el sentido con el que finalmente quedó anotado al reflexionar nuevamente sobre la gran cantidad de participantes que abandonaron formas y procesos de inversión, a pesar de haber demostrado su eficiencia a mayor plazo (otras épocas de crisis), al argumentar como siempre que «esta crisis es distinta». Y es que todas han sido distintas.

Poco que agregar a la cita que acompaña el título de esta lección. Ser congruente, constante y disciplinado son sin duda los mayores retos para un individuo en cualquier actividad, sin embargo, las consecuencias al hacerlo son extraordinariamente positivas.

¡Atrévase a descubrirlas!

19

No es igual «apostar» que invertir en Bolsa

«Nunca convencerás a un ratón de
que un gato negro trae buena suerte».
Graham Greene

A punto de concluir este ejercicio de reflexión sobre muchas de las experiencias sucedidas entre participantes del mercado accionario mexicano durante la crisis de 2008, me confieso preocupado pero a la vez optimista sobre la posibilidad de un cambio gradual en la percepción, entendimiento y con ello una mayor y mejor participación de muchos mexicanos en la Bolsa mexicana.

En mayo del 2009 participé en un seminario en Guadalajara titulado «La inversión en Bolsa en México, no es lo que usted cree», un evento recurrente al que acuden amigos y clientes. En el poco tiempo que por lo general ocupan estos encuentros (nueve horas en dos sesiones) en proporción a **toda** la información que uno quisiera compartir, expuse muchas de las ideas que he plasmado en distintos documentos de análisis, investigación y estrategia.

Al final de la conferencia, en una sesión de preguntas y respuestas, distintos asistentes coincidieron en señalar que les gustaría «apostar» y/o «jugar» próximamente en Bolsa.

¿«Apostar», «jugar» o invertir?, respondí, al tiempo que volvía a entender lo difícil que será lograr este cambio de percepción.

Como habrá descubierto el lector a lo largo de este texto, efectivamente mucha gente «apuesta» y «juega» en Bolsa con el enorme riesgo que representa la desinformación, la falta de metodologías integrales y de disciplina.

La propuesta ahora es aprender a invertir, y es que si esta alternativa se tratara de un «juego» o una «apuesta» créame que, al igual que yo, muchos otros analistas y estrategas no pasaríamos tantas horas en la oficina haciendo nuestro mejor esfuerzo solamente para eso: para «apostar» o «jugar».

20

Crisis es oportunidad

«Cuando Dios borra, es que va a escribir algo».
Jacques Benigne Bossuet

La expresión de esta lección ha sido sin duda la más recurrente en todos los momentos de crisis en la historia, y es que es absolutamente cierta.

Soy testigo y actor de la misma. Ya no comentare más lecciones de Bolsa, las 19 anteriores creo que fueron suficientes.

Para el que esto escribe, esta crisis de 2008 significó, entre otras, la oportunidad de compartir con usted un nuevo esfuerzo de difusión sobre la realidad de la inversión bursátil.

Sólo me queda agradecer enormemente el tiempo que usted le haya podido dedicar a estas páginas. Y si tan sólo alguno de ustedes, queridos lectores, se convence y participa ahora en nuestro mercado accionario de manera diferente, entonces este esfuerzo de difusión habrá valido la pena.

¡Muchas gracias!

Carlos Ponce Bustos

Los otros temas

21

Test de Bolsa para principiantes... y avanzados

«A quien teme preguntar, le avergüenza aprender».
Proverbio danés

Las preocupaciones, dudas y demás sentimientos similares en días de volatilidad y enorme indefinición en Bolsa, justifican una reflexión sobre la forma en que los inversionistas conciben y/o participan en la alternativa de inversión bursátil. Propongo entonces la realización de un pequeño ejercicio (test) que requiere para su mejor resultado una respuesta muy honesta a cada pregunta.

Parte uno

Sobre conocimiento básico	**Sí**	**No**
¿Sabe usted cómo han sido los rendimientos de nuestra Bolsa *vs.* otras alternativas a mayor plazo?		
¿Sabe usted cuál es el *Benchmark* (parámetro a vencer) del inversionista de Bolsa en México?		
¿Sabe usted qué es el IPyC y cómo se conforma?		
¿Sabe usted qué es y cómo se interpreta un múltiplo?		
¿Sabe usted qué es el Ebitda?		

Sobre conocimiento básico	Sí	No
¿Sabe usted cómo se clasifican los inversionistas de Bolsa del mundo?		
¿Sabe usted cuál es el tamaño o lugar de nuestra Bolsa respecto de otras del mundo?		
¿Sabe usted cuál es la diferencia entre valuaciones y precios?		
¿Sabe usted qué es el riesgo-país?		
¿Sabe usted cómo se determina un precio objetivo de una empresa y/o la estimación de IPyC?		

Parte dos

Sobre metodologías	Sí	No
¿Tiene usted una metodología clara para invertir en Bolsa?		
¿Se siente cómodo con su metodología (duerme tranquilo)?		
¿Su metodología incluye un proceso disciplinado para seleccionar valores?		
¿Qué criterios utiliza para esta selección, son siempre los mismos?		
¿Cómo determina el número y la proporción de cada acción en su portafolio?		
¿Su metodología incorpora herramientas de reacción oportuna de tendencias?		
¿Sabe cómo medir el rendimiento probable de su portafolio?		
¿Sabe cómo medir el nivel de riesgo de su portafolio?		

Parte tres

Sobre disciplina	Sí	No
¿Lleva usted a cabo su metodología de manera estricta o suele hacer excepciones?		
¿Sabe cuáles son las variables de mayor correlación con el movimiento de la Bolsa en México?		

El malestar con los malos resultados al invertir en Bolsa en épocas difíciles no es exclusivo de principiantes. Ya lo comentábamos en alguna de las lecciones de la primera parte del libro. El tiempo no es sinónimo de mejores resultados para quien no capitaliza experiencias y conocimientos.

No se preocupe por estar perdiendo en Bolsa cuando eso suceda, ni tampoco se alegre demasiado si gana, preocúpese por conocer y saber más sobre cómo invertir mejor en Bolsa.

22

El rompecabezas bursátil

«Dejamos de temer aquello que
se ha aprendido a entender».
Marie Curie

En alguna ocasión, al explicar a un cliente la manera en que los analistas o estrategas valuamos las empresas en Bolsas, noté nuevamente lo difícil que puede resultar para una persona menos involucrada con el ambiente de inversiones bursátiles asociar estos temas con otros que también influyen en el mercado.

Tras varios años de participar de manera activa en el mercado accionario en México, la conclusión que tengo hoy sobre sus variables e información es que todas ellas forman parte de un «gran rompecabezas». Cuando uno tiene acceso a cierta información de manera aislada, es natural la dificultad de entender y relacionarla con otro tipo de información o variables, es como tener una pieza suelta de un rompecabezas que no sabemos si va abajo o arriba, a la derecha o a la izquierda, o si no la estamos viendo al revés.

Al igual que un rompecabezas, su importancia y asociación resulta mucho mejor cuando vamos juntando (armando) más piezas, las cuales poco a poco conforman una imagen más clara. Si tengo una pieza verde y otra azul no parecen relacionarse, pero cuando termino el rompecabezas y resultó que se trataba de un paisaje, me doy cuenta que la verde era el pasto y el azul el cielo. ¡Al final estaban relacionados!

Es así como todos los conceptos y variables en Bolsa están asociados de alguna u otra forma; el reto es encontrar cómo se asocian.

Si el gran rompecabezas se llamara «Éxito en la inversión bursátil», estoy convencido de que éste podría dividirse en tres partes: 1) Conocimiento básico. 2) Metodología para la inversión en Bolsa. 3) Disciplina. El mismo concepto que invita a la fórmula del éxito en la sección próxima.

Dada parte correspondiente a la metodología tenemos además una subdivisión (¡más piezas para el rompecabezas!) de tres secciones: 1) Selección de valores. 2) Distribución de valores. 3) Búsqueda de mejores momentos. Siguiendo con el tema específico de cómo valuar una empresa, este tema conformaría a su vez uno de los siete criterios que recomendamos considerar en la sección correspondiente al proceso de selección de valores.

En este capítulo comparto una versión resumida del gran rompecabezas bursátil de información y procesos identificando distintas piezas. La próxima vez que usted tenga acceso a cierta información o variable, procure entenderla dentro del rompecabezas y seguramente le será más fácil entender su correlación e importancia y de paso invertir de una mejor manera en Bolsa.

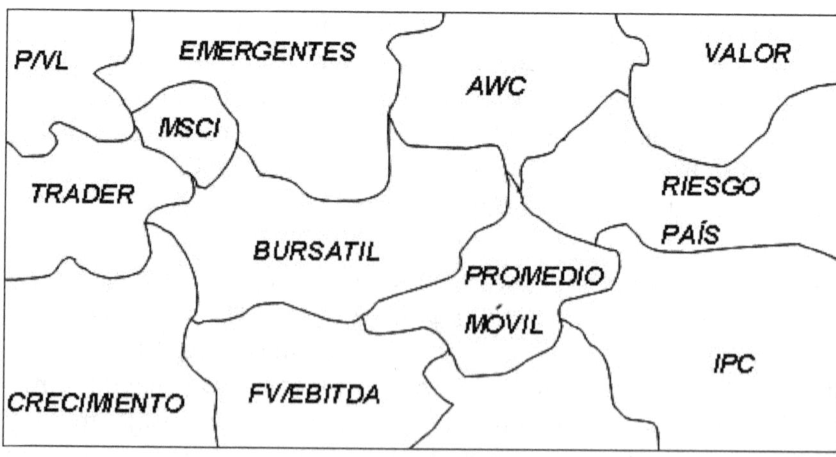

Rompecabezas

El diagrama siguiente ilustra la manera en que distintos conceptos, variables e información general que hemos venido compartiendo por años (y/o que usted ha «recibido» y seguirá recibiendo de distintas fuentes) pueden situarse dentro del rompecabezas bursátil. A manera de ejemplo, situamos el concepto de valuación de una empresa a través de sus múltiplos y el conocimiento de precios objetivos dentro de dicho rompecabezas con un contorno punteado.

Como ya se había comentado al inicio de este libro, este tema es una pieza más de lo que se conoce como proceso de selección de emisoras, que a su vez forma parte de la parte, valga la redundancia, de las metodologías de inversión.

Como ya mencionamos, al final del camino, todos los componentes están relacionados entre sí. El reto consiste en saber asociarlos (armarlos) correctamente. ¡Adelante en su armado!

Cuadro 16. El rompecabezas bursátil

Conocimiento básico		Metodología de inversión			Disciplina
La Bolsa	La BMV	Selección de emisoras	Perspectiva del sector		
	Casas de Bolsa	(Análisis fundamental)	Perspectiva individual (resultados operativos)		
	El índice bursátil		Mercado		
El IPyC	¿Qué es?		Salud financiera		
	¿Cuándo cambia?		**Valuación de Empresas**	***Múltiplos***	
Tamaño de mercado				*DCF*	
Tipos de acciones				*Suma de Partes*	
Operación del mercado				***Precios Objetivos***	
Comparativo internacional			Bursatilidad		

Conocimiento básico		Metodología de inversión		Disciplina
Tipo de participantes	Institucionales		Otros (aspectos cualitativos, política de dividendos)	
	Traders			
Institucionales	Globales	Construcción de portafolios (*Asset Allocation*)	Ponderación *vs. Benchmark*	
	Dedicados		Relación Riesgo-rendimiento	
Variables de influencia	Macroeconomía			
	Tasa de Interés			
	Factor AWC			
	Resultados financieros			
	Valuaciones			
	Momentum			
	Internacional	Momento oportuno (Análisis técnico)	Acumulaciones	
	Político		Tendencias	
	Otros (estructurales)		Reactivo	
Mercados emergentes			Estimaciones	
Riesgo-país				
Estacionalidad mensual				
Naturaleza ganadora				
Resultados históricos	Reales			
	Nominales			
	Dólares			
Enfoque de análisis (T de Análisis)	Sectorial			
	Histórico			
	Integral			

Fuente: Ixe, Casa de Bolsa

23

La «fórmula del éxito en Bolsa

«El éxito es tener lo que quieres.
La felicidad, es querer lo que tienes».
Ralph Waldo Emerson

Éxito = conocimiento básico + metodología + disciplina

Para lograr éxito en la inversión en Bolsa, existen en mi opinión tres ingredientes indispensables: conocimiento básico, metodología y disciplina, ingredientes relacionados ya en el capítulo del rompecabezas bursátil.

Conocimiento básico. Sería un error pensar que un participante no profesional en Bolsa (estudiante, ama de casa, médico, ingeniero, abogado, contador, arquitecto, empleado, etc.) tuviera el tiempo necesario para capacitarse y dedicar mayor tiempo al análisis e investigación y la toma de decisiones de este mercado. No obstante, estoy convencido que TODO inversionista en Bolsa requiere de un conocimiento mínimo indispensable. No tiene que ser experto, pero debe saber, por ejemplo, qué es el IPyC, cuáles son las tres empresas que explican el 40% de su movimiento, quiénes son los participantes importantes, en qué categoría de mercado estamos, la diferencia entre precios y valuaciones y tener una noción básica sobre la medición de riesgos. El no contar con un mínimo de conocimiento en estos temas es la razón que ha dado origen a la percepción de «suerte» en Bolsa. Una decisión sin conocimiento está destinada a eso… ¡a la suerte!

Metodología. Implica una manera ordenada de tomar decisiones. A la pregunta específica: ¿cuál es su metodología de inversión en Bolsa?, muy pocos contestarán de manera clara. En el mejor de los casos, algunos atienden esfuerzos orientados a una selección de emisoras a partir de información financiera y/o de rumores o especulaciones. Otros muchos (*Traders*) identifican movimientos de precios y formaciones históricas, buscando anticipar el siguiente movimiento de una acción (análisis técnico).

Los menos, estarán conscientes del riesgo por concentración que implica conformar una cartera con únicamente tres acciones.

Disciplina. En otros trabajos de difusión he podido compartir conocimientos básicos. En este proyecto no lo he hecho de manera tan directa, sin embargo, es importante recordar una metodología que, sin ser la única ni seguramente la mejor, ha funcionado muy bien en la medida en que quien la utiliza ha sido capaz de ser disciplinado en su implementación. El enorme reto de la disciplina absoluta en la implementación de ésta o cualquier otra metodología dependerá absolutamente de usted. En la práctica, este ingrediente en la **fórmula de éxito** ha resultado siempre el más difícil.

Sobre la estrategia integral C3

A la metodología en cuestión se le conoce como estrategia integral C3, sus tres principales características son:

1. Es fácil de entender.

2. Es lógica e integral en su concepto (busca contestar tres preguntas en el siguiente orden: a) ¿En cuáles acciones debo invertir? b) ¿Cómo invertir o conformar un portafolio? c) ¿Cuándo invertir?

3. Está orientada específicamente a la disminución del riesgo. Esta última característica es especialmente importante, ya que tradicionalmente los inversionistas que deciden participar en Bolsa lo hacen buscando mayores rendimientos. Y cuando éste es el principal obje-

tivo de un inversionista, entonces, de manera consciente o inconsciente, tarde o temprano asume riesgos. Las personas que han tenido una mala experiencia en Bolsa ésta resultó de la incorporación de un mayor riesgo: compra de acciones por rumor (sin fundamento), inversión en pocas acciones, inversión en plazo corto, etcétera.

4. Que resulta ser ¡lo más importante! Podría comentar una metodología cuyos conceptos y teoría resultara verdaderamente atractiva, pero que en la práctica no funcionaría (esto suele suceder más veces de lo que usted se imagina). Pero éste no es el caso. Los resultados de la estrategia en el tiempo se han demostrado una y otra vez.

En lo personal, la vengo llevando a cabo desde hace varios años y me han funcionado muy bien.

Cuadro 17. Resumen de la estrategia integral C3

Estrategia	Objetivo en riesgo	Objetivo en rendimiento
¿Cuáles?	En la medida en que las emisoras reúnen mayor número de requisitos de nuestros siete criterios fundamentales son de menor riesgo.*	Los inversionistas terminan por reconocer las emisoras con mejores fundamentos.
¿Cómo?	Una distribución en más de seis emisoras con «pesos» similares al IPyC evita desviaciones.	Mayor ponderación en mejores emisoras justificadas por fundamentales.*
¿Cuándo?	La herramienta ET evita participar en Bolsa ante la posibilidad de una baja. También evita salir del mercado antes de tiempo y mantiene la mayor parte «dentro» del mercado en una tendencia alcista.	En el tiempo, estar invertido lo más posible en tendencias alcistas y evitar las bajas fuertes ha resultado en excelentes ganancias acumuladas.

Fuente: Ixe Casa de Bolsa.
* 1) Perspectiva sectorial. 2) Perspectiva individual. 3) Mercado dirigido. 4) Estructura financiera. 5) Valuación. 6) Bursatilidad. 7) Otros (dividendos y aspectos cualitativos).

La llamamos estrategia integral C3 por la contestación ordenada de las preguntas ya señaladas. Veamos ahora de manera breve la forma en que cada pregunta se resuelve y disminuye riesgos.

¿Cuáles?: Los siete criterios

La pregunta es: ¿en cuáles invertir? Se responde a través del empleo consistente de siete criterios fundamentales. En la práctica, muchos participantes deciden sus emisoras sin fundamentos, o utilizan alguno de ellos de manera irregular. En la medida en que se identifican emisoras que cumplen la mayor parte de estos criterios, el riesgo de una selección por fundamentos disminuye. Esto es, el peligro de que la acción baje porque no tenga un atractivo plan de crecimiento, que lo haga por una débil estructura financiera, que no se demande por su poca operación (bursatilidad) y/o porque no paga dividendos.

A continuación, ofrecemos los siete criterios de selección de empleo consistente para responder la pregunta de en cuáles acciones invertir.

Cuadro 18. Siete criterios para seleccionar. Resumen de la estrategia integral C3

Criterio	Concepto
Crecimiento sectorial	Identifique siempre empresas en sectores con «viento a favor» a partir de ciclos económicos internacionales y/o locales. Por ejemplo: televisoras en años con eventos deportivos internacionales (olimpiadas, mundial de futbol, etc.) y/o de gasto por campañas políticas.
Crecimiento individual	El inversionista busca «historias de crecimiento con valor» y no sólo «baratas». El crecimiento atiende: ventas, utilidad operativa y Ebitda. Es importante atender perspectivas y no datos históricos.
Mercado	Se relaciona con los dos anteriores. Sin embargo, existe una especial atención por distinguir entre empresas cuya demanda de productos depende de sus exportaciones o del mercado local.
Estructura financiera	Las empresas «sanas», con poca deuda, sin vencimientos de deuda importantes, con «fuerte» balance, etc. son sinónimo de menor RIESGO. Se utiliza en particular una razón de cobertura muy estricta: Caja + Ebitda 12 meses/Deuda total (con y sin costo) + Intereses netos.
Valuación atractiva	Existen diversas metodologías de valuación. La más común es el empleo de múltiplos, que relacionan precios *vs.* indicadores financieros (no confundir precios con valuaciones, una acción que sube de precio no necesariamente es más «cara»). Los múltiplos se califican bajo criterios comparativos históricos y/o sectoriales. Múltiplos bajos producidos por avance en resultados son por lo general sinónimo de oportunidades. El múltiplo de mayor empleo en mercados emergentes: *Firm Value*/Ebitda.
Bursatilidad	Sinónimo de fácil realización de las acciones en el mercado. Las acciones poco bursátiles son de mayor dificultad para un «movimiento» rápido en decisiones de compra y/o venta.
Otros	Resulta importante saber si existe algún factor cualitativo importante relacionado. Por ejemplo: política de dividendos, dirección de la empresa, aspectos legales, convenios específicos, etcétera.

Fuente: Ixe Casa de Bolsa

¿Cómo?: Diversificación «inteligente» = *Benchmark*

Una vez identificadas las emisoras con mejores fundamentos es importante disminuir el riesgo de concentración («todos los huevos en una misma canasta») considerando no menos de seis emisoras al construir un portafolio de acciones.

Por otra parte, debemos entender que el portafolio que seleccionemos competirá SIEMPRE contra el IPyC. Debemos saber cómo está conformado nuestro competidor. Así lo hacen los manejadores de fondos. Por ello no podemos permitir estructurar portafolios que no representen por lo menos 60% del IPyC. En México no es tan difícil, ya que las acciones de tres emisoras (América Móvil –Amx–, Walmex y Cemex) representan poco más de 40% del índice.
Nuestros portafolios de inversión en Bolsa buscan siempre un «balance ganador» entre: 1) Los riesgos de concentración de valores con un mínimo de seis emisoras (lo señalamos antes) y de «alejamiento» *vs.* la estructura del IPyC. 2) La selección de valores (acciones) con perspectiva ganadora a través de sus pronósticos de precios objetivos.

Como ya se comentó, el IPyC es siempre el parámetro a vencer cuando alguien elige conformar su propio portafolio de acciones. No busca vencer Cetes, dólares, Dow Jones o Nasdaq, pues todos ellos conllevan riesgos distintos.

La búsqueda permanente de este «balance» no es tan sencilla y trivial como parece. Para ejemplificarlo realizamos un ejercicio que asume dos escenarios «típicos» en la construcción de un portafolio, en ambos escenarios no existe un riesgo de concentración, ya que cada uno se lleva a cabo con una selección de ocho emisoras del mismo «peso» (12,5%).

Escenario 1, menor riesgo. El inversionista atiende principalmente el riesgo de no alejar su portafolio del IPyC. Para ello selecciona acciones de «peso» en el mismo.
Escenario 2. El inversionista atiende principalmente la elección de

emisoras cuyo pronóstico en el precio objetivo resulta muy atractivo sin importar su «peso» en el índice.

Cuadro 19. Ejercicio teórico de conformación de portafolios

Escenario 1 Emisoras importantes IPyC				**Escenario 2 Emisoras con potencial de precios (PO)**			
Emisora	Peso	Repres. IPyC	Var. % PO	Emisora	Peso	Repres. IPyC	Var. % PO
Amtel	12,5%	6,6%	0,4%	Ara	12,5%	0,7%	25,3%
Amx	12,5%	19,8%	-1,0%	Geo	12,5%	0,9%	20,3%
Cemex	12,5%	11,1%	-6,9%	Homex	12,5%	0,9%	45,4%
Gpo. Carso	12,5%	2,7%	17,4%	Ica	12,5%	3,2%	29,9%
Telecom	12,5%	3,8%	28,5%	Ideal	12,5%	1,6%	30,0%
Telmex	12,5%	6,8%	28,2%	Ich	12,5%	0,4%	21,2%
Televisa	12,5%	4,6%	23,3%	Mexchem	12,5%	0,0%	76,1%
Walmex	12,5%	11,0%	-0,5%	Peñoles	12,5%	1,3%	43,7%
Pond.	**100,0%**	**62,0%**	**11,0%**	**Pond.**	**100,0%**	**6,0%**	**36,0%**

Fuente: Ixe, Casa de Bolsa

Los cuadros que se presentan en las siguientes páginas ilustran el resultado de dichas estructuras en comparación con la que guarda el IPyC y la de nuestra estrategia semanal C3.

El eje vertical de las gráficas indica el riesgo de representatividad («alejamiento») de la estructura seleccionada contra el IPyC, entendiendo a este último como el parámetro a vencer (*Benchmark*) de cualquier inversionista que prefiere construir su propio portafolio. Un rango de representatividad superior a 70% se considera de «riesgo bajo», uno de entre 70 y 40% se considera de «riesgo medio», mientras que uno menor a 40% se considera «riesgo alto». Hablamos de riesgo alto porque el desempeño del índice en cualquier momento podría ser «mejor» que la mayoría de las emisoras de mi portafolio, ya que si algo malo sucede con alguna de mis emisoras esto no se verá reflejado en el IPyC y viceversa.

El eje horizontal de las gráficas representa el rendimiento previsto por la selección de valores a partir de la estimación (variación %) del precio objetivo (PO) estimado en cada emisora. El rendimiento del portafolio es el crecimiento ponderado (ganancia proporcional esperada del PO de cada emisora del portafolio).

El círculo representa el resultado ponderado del portafolio que se determina tomando en cuenta el «peso» de cada emisora en el portafolio (en nuestros escenarios cada una de las ocho seleccionadas). El TAMAÑO del círculo indica la cantidad de emisoras.

Resultados. Las gráficas que se presentan a continuación comparan la relación riesgo-rendimiento de los portafolios (escenarios) descritos contra la del IPyC y una estrategia bien balanceada (estrategia integral C3).

En la gráfica correspondiente al primer escenario (menor riesgo), el portafolio teórico indica poco riesgo de «alejamiento» del IPyC al considerar emisoras que representan 62% de dicho índice contra 76% de la estrategia integral C3 (el IPyC es el 100%). Sin embargo, no resultó necesariamente con una mejor perspectiva a la del índice al no considerar emisoras con pronósticos de mayor avance en su precio objetivo.

Emisoras con fuerte «peso» en el IPyC

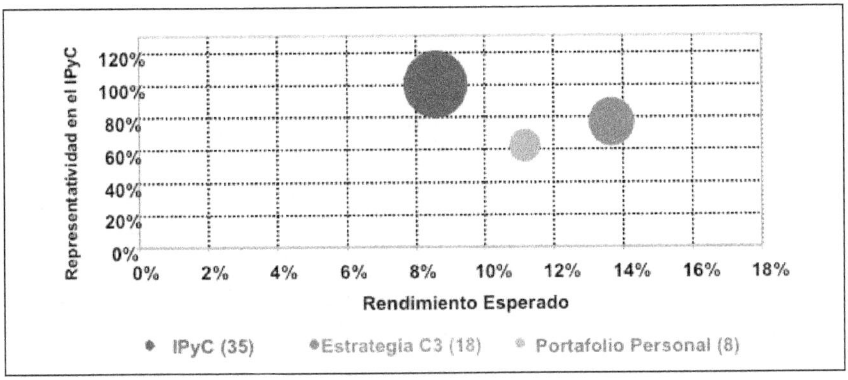

Fuente: Ixe, Casa de Bolsa

En la gráfica correspondiente al segundo escenario (mayor rendimiento), el portafolio resulta con una expectativa más rentable que el IPyC (36,0% *vs.* 9,0%) y que la propia estrategia integral C3 (14,0%). Sin embargo, resulta de alto riesgo en términos de la representatividad del índice, pues la suma de emisoras seleccionadas apenas representa 6,0% del IPyC (100%) contra 76% de la estrategia integral C3.

Emisoras con fuerte rentabilidad esperada

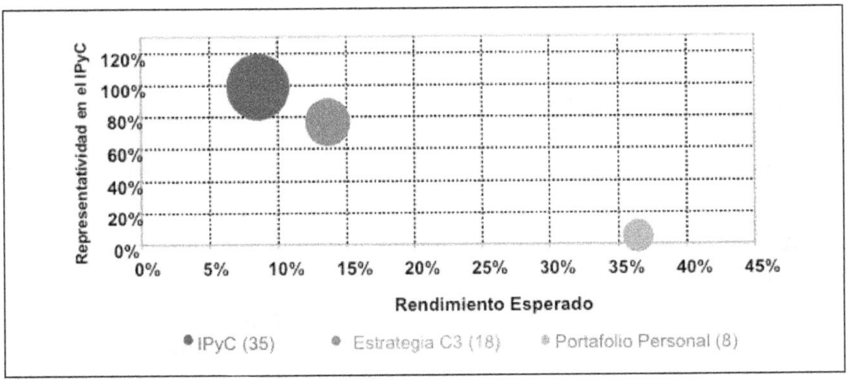

Fuente: Ixe, Casa de Bolsa

El objetivo «gráfico» de un buen balance riesgo-rendimiento en la construcción de un portafolio se obtiene cuando éste logra situarse en el extremo derecho superior de la gráfica, justamente como lo hace la estrategia integral C3 (ver zona con sombra en gráfica).

Emisoras con fuerte «peso» en el IPyC

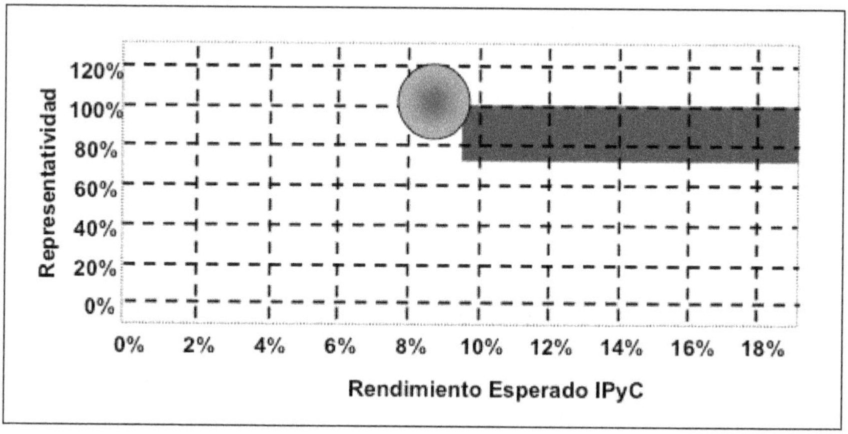

Fuente: Ixe Casa de Bolsa

Todo lo anterior representa la diferencia entre «apostar» en Bolsa y participar con una buena metodología de inversión buscando resultados patrimoniales a mayor plazo.

¿Cuándo?: Herramienta ET

¿De qué forma se complementa una significativa disminución en el riesgo bursátil? Nuestra metodología estrategia integral C3 incorpora una herramienta que nos permite reaccionar de manera oportuna a cualquier posible cambio de tendencia en el mercado accionario. Esto es muy importante, ya que buscamos reaccionar de manera oportuna y no pronosticar el futuro (¡esto es imposible!). De esta forma, sabremos siempre que no venderemos en el punto más alto de la Bolsa, ni compraremos en el más bajo, pero seguramente sí lo haremos estando muy cerca de los máximos y los mínimos.

Los detalles de la herramienta los comentamos ya en la Lección 11, no obstante recordamos los generales.

La herramienta «técnica» que nos permite identificar estas tendencias se llama promedio móvil, el cual se calcula promediando los últimos precios de una acción o índice de un equis número de días. En el caso del IPyC, la estadística indica que intercambio entre el promedio móvil de 10 y 31 días en función de la volatilidad del mercado (más volátil = menor número de días del PM) ha resultado el más útil para dicho objetivo. A esta herramienta le hemos adicionado algunos elementos, por lo que la identificamos como estrategia de tendencias (ET).

Además, como explicábamos en la Lección 5, además de factores fundamentales, sucesos de tipo coyuntural explican en muchas ocasiones un comportamiento «distinto» en nuestra Bolsa y por ello el responder en cuáles invertir y cómo estructurar de manera inteligente (competitiva) un portafolio no es suficiente.

Origen: Reconociendo la importancia del *Timing* (como ya indicamos, momento oportuno), en la estrategia de inversión bursátil buscamos una herramienta cuyo empleo consistente arrojará **resultados favorables**.

Competencia: Entre cinco distintas herramientas del análisis técnico, la que mejor resultados tuvo para un periodo de 17 años (**en diferentes contextos**) fue el promedio móvil de 30 días.

Concepto: Además de ser fácil de entender, nos pareció indicado en su concepto, pues busca identificar tendencias de mercado. En nuestra experiencia hemos visto que los mercados tarde o temprano terminan por identificar tendencias. El tiempo «juega» en favor de nosotros, pues siempre hemos dicho que el plazo de inversión en Bolsa es largo (no menos de 18 meses).

El cuadro siguiente justifica el empleo complementario de la ET en nuestro mercado. Como se observa, históricamente el IPyC se comporta la mayoría de las veces (75,4% en los últimos años) en fases de tendencia (alzas y/o bajas) y muy pocas en movimientos laterales (acumulación).

EN NÚMERO DE DÍAS HÁBILES	ACUMULACIÓN TENDENCIA		
	Dentro +/- 2.0%	Fuera +/- 2.0%	Total
15 Años	925	2,832	3,757
10 Años	700	1805	2,505
5 Años	378	881	1,259
3 Años	276	481	757
EN % SOBRE NÚMERO DE DÍAS HÁBILES	**ACUMULACIÓN TENDENCIA**		
	Dentro +/- 2.0%	Fuera +/- 2.0%	Total
15 Años	24,60%	75,40%	100,00%
10 Años	27,90%	72,10%	100,00%
5 Años	30,00%	70,00%	100,00%
3 Años	36,50%	63,50%	100,00%

IPyC:Últimos 10 años

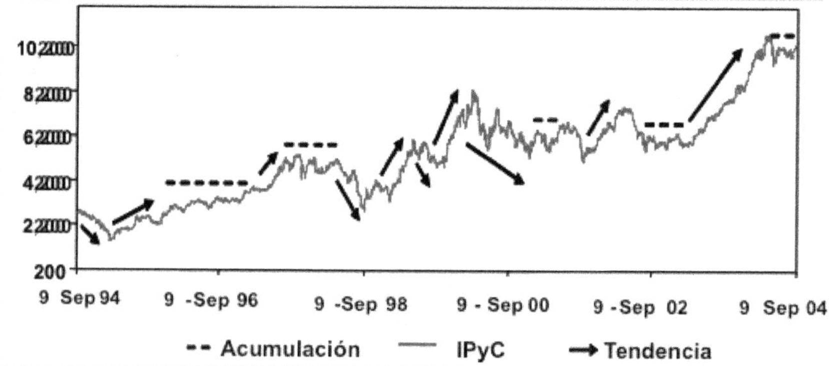

Fuente: Ixe Casa de Bolsa

Para identificar los posibles cambios de tendencia en el IPyC o una acción, se observa un «cruce» entre el promedio móvil (10 o 31 días, según la volatilidad) y el índice bursátil (IPyC). Cuando el índice cruza a la alza su PM31d entonces se compra, y cuando resulta a la baja se vende.

Siendo consistente y disciplinado, se disminuyen dos riesgos principales: 1) El no estar invertido en una baja importante o permanente. 2) El no vender (dejar de participar) antes de tiempo en una tendencia de alza pronunciada y/o permanente.

En el tiempo el buen rendimiento resulta de estar invertido la mayor parte del tiempo en los ciclos de alza de Bolsa y evitar las bajas.

Para maximizar los resultados

Los resultados presentados en las tablas de los primeros capítulos utilizan la estrategia de tendencias a nivel del índice bursátil. Sin embargo, la combinación de esta herramienta de *Timing* con una buena selección y diversificación de emisoras deberá seguir superando los resultados del índice bursátil.

24

El mapa y la brújula

«Prefiero ser accionista de una buena empresa
que sólo propietario de una mala».
Tristan Bernard

Independientemente de los siete criterios fundamentales básicos de interés para seleccionar emisoras, aquí tiene dos enfoques relacionados con aspectos de rentabilidad en empresas que, además de ser muy sencillos y lógicos, han demostrado buenos resultados internacionalmente, según demuestra la publicación *The little book that beat the market*, de Joel Greenblatt. Se trata de enfoques o criterios propios de alguien que invierte en Bolsa pensando como accionista.

¿Qué busco al constituir una empresa?

Si usted contara hoy con cierta cantidad de dinero que le permitiera independizarse y poner un negocio, sus opciones lógicas serían:

1. Constituir uno nuevo.

2. Comprar uno establecido.

Retorno sobre capital (ROE)

Para constituir uno nuevo, independientemente de la experiencia y/o gusto por cierta actividad y/o condiciones coyunturales que lo «inclinaran» hacia cierto giro o actividad, lo más sensato sería identificar aquel negocio cuya rentabilidad fuese más alta, esto es, si tengo tres opciones: a) una tienda de helados, b) una zapatería, y c) una farmacia, donde la inversión inicial (capital social) sería de $100, $120 y $150, respectivamente, y en cada una espero obtener utilidades de $15 pesos al año, como resultado de medir la utilidad esperada entre la inversión (ROE, retorno del capital, del inglés *Return on Equity*); la más rentable es la tienda de helados. Atienda siempre a las empresas con mayor rentabilidad

Cuadro 21. Cuál negocio es más rentable

Giro	Capital inicial	Utilidad anual	ROE (CI/UA)
Helados	$100	$15	15,0%
Zapatos	$120	$15	12,5%
Farmacia	$150	$15	10,0%

Su parámetro a vencer (Benchmark): tasa libre de riesgo

El razonamiento y conclusión anterior deberán estar acompañados siempre de un parámetro a vencer (*Benchmark*), que en este caso sería la tasa de interés libre de riesgo que le ofrece un banco (Cete), ya que la decisión de un negocio será conveniente siempre y cuando la rentabilidad esperada supere en una proporción razonable (por lo menos dos y media veces 2,5x) a la rentabilidad que le ofrece un banco sin el esfuerzo que requiere un negocio.

Si en el mismo ejemplo anterior la tasa de retorno (ROE) más alta hubiese sido de 5,0%, todos hubiesen sido poco atractivos al considerar que la tasa de Cetes hoy (abril de 2007) es cercana a 7,0%.

Por otra parte, debemos recordar que las tasas de interés del banco son variables con mucho dinamismo en el tiempo. En México, hace algunos años, la tasa de Cetes alcanzó niveles de 30 al 40% o más. En aquellos momentos, pocos negocios podrían competir con los rendimientos del banco.

Inverso del múltiplo

Para la segunda alternativa de un negocio propio (comprar una empresa ya establecida), una medida de rentabilidad adicional al ROE sería el inverso del múltiplo del que comentamos en el capítulo anterior, en donde el precio de compra de la empresa equivaldría al precio de mercado de una acción.

¿Que tanto más? En los últimos 22 años la Bolsa pagó en promedio 30% anual más que la tasa de Cetes a 28 días.

Al suponer que los mismos negocios anteriores ya existieran y que el precio de la tienda de helados, zapatería y farmacia fuesen $150, $130 y $170, respectivamente, entonces la mejor opción sería la zapatería.

Cuadro 22. Inverso del múltiplo

Giro	Capital inicial	Utilidad anual	ROE	Precio de compra	P/U	Inverso del múltiplo
Helados	$100	$15	15,0%	$150	10,0x	10,0%
Zapatos	$120	$15	12,5%	$130	8,7x	11,5%
Farmacia	$150	$15	10,0%	$170	11,3x	8,8%
Promedio			**12,5%**		**10,0x**	**10,1%**

Al incorporar ambos criterios de rentabilidad, la mejor combinación es para la zapatería. Un razonamiento similar ha sido, como ya se señaló, muy efectivo para inversionistas de largo plazo en el mercado.

El mapa y la brújula

Con objeto de transmitir más claridad en la idea y en la práctica del razonamiento anterior, comparto una propuesta metodológica desarrollada en la institución en la que laboró (Ixe Casa de Bolsa), a la que llamamos «El mapa y la brújula», la cual incorpora los criterios de rentabilidad expuestos.

El mapa: retorno de capital y ganancia sobre precio de acción

Los elementos de selección representados en nuestro «mapa» (gráfica de cuadrantes) se conforman por: 1) *Eje horizontal*: la tasa de retorno sobre capital (ROE), que indica la rentabilidad que los accionistas (que aportan el capital) obtienen de la actividad principal de la empresa (por medio de la utilidad operativa); y 2) *Eje vertical*: la ganancia potencial (como tasa de interés) para el inversionista por lo que vale la acción en el mercado (*Yield*), asumiendo que la utilidad operativa (Ebitda) llegara al inversionista como dividendo en un plazo de un año. Para ello se divide el Ebitda entre el Firm Value (Precio + Deuda Neta) y se expresa en tasa de interés (equivalente al inverso del múltiplo FV/Ebitda).

La brújula: 2,5x Cete 28d y 1,5x Cete 28d + Ganancia de capital

Establecidos los elementos del «mapa», los parámetros («brújula») para seleccionar emisoras son: 1) *Eje horizontal-ROE*: un retorno superior a dos y media veces (2,5x) la tasa libre de riesgo en México (Cete 28d); y 2) *Eje vertical*-Yield: un rendimiento mayor a 1,5x la tasa libre de riesgo (Cete 28d) más la tasa promedio de ganancia de inversión bursátil en México. En los últimos 21 años, el IPyC ha superado en promedio anual la ganancia del Cete 28d en 33,7%.

En aquel primer ejercicio (marzo de 2006), emisoras que cumplieron los criterios de selección fueron: Gmexico, Mexchem, Alfa e Ich. Estas medidas complementan los siete criterios tradicionales de selección de emisoras: perspectiva sectorial, perspectiva individual, mercados, estructura financiera, valuación, bursatilidad y otros, **y no los sustituyen**.

Importante: los resultados obtenidos no deberán atenderse como una recomendación debido a la dinámica de los resultados en el tiempo. Lo principal es atender la metodología y conceptos establecidos para aplicarlos en cualquier momento.

Altas ganancias en proporción al capital (ROE)

Identificamos empresas cuyos resultados operativos resulten importantes en proporción (%) al monto del capital contable (constituido en gran parte por la aportación de los accionistas) de la misma empresa.

Ello justificaría para el inversionista destinar recursos en empresas cuya actividad «paga» mejor (que es más rentable) que la tasa de interés de un instrumento sin riesgo (Cete 28). Para ello, se utilizó una relación que compara la utilidad operativa + depreciación (Ebitda) entre el capital contable promedio. Esta relación se conoce como retorno sobre capital (ROE, del inglés *Return on Equity*) y se modificó ligeramente utilizando el resultado operativa en vez de la utilidad neta, dado lo volátil y poco representativo que resulta en empresas la utilidad neta al incluir conceptos virtuales (pérdidas en cambio, partidas extraordinarias) y/o a partidas que no se relacionan directamente con la naturaleza del negocio (extraordinarias e impuestos).

El parámetro que determinamos para descubrir oportunidades fue dos veces y medio (2,5x) la tasa libre de riesgo en México (Cete 28d). **En este momento, este parámetro, representado en el eje horizontal de la gráfica, es de 18,45%.**

El razonamiento es el siguiente: «Necesitamos encontrar emisoras cuyos resultados operativos para el dinero que se destina a un negocio, al accionista de la empresa (que constituye el capital) le reditúe más del doble de lo que obtendría de una tasa de Cete 28d. Sólo el invertir así en el negocio resulta realmente atractivo».

Importante: esta condición resulta atractiva en contextos económicos como el actual, en que la tasa de interés del Cete 28d no es tan alto. En épocas en las que la tasa de interés del mismo alcanzó 30%, nuestro criterio de rentabilidad se hubiese elevado a 70% (2,5x el 30,0%). En ese contexto, prácticamente ninguna negocio era atractivo.

Oportunidades en precios de mercado

Este otro criterio identifica emisoras cuyos resultados operativos comparados contra precios de mercado (valor de mercado) al que se adquieren las acciones implican una tasa de interés mayor a una y media vez la tasa libre de riesgo (Cete 28d). Este razonamiento se conoce como *Yield* y es similar al que se utiliza para medir pagos de dividendo en efectivo contra el precio de las acciones.

A la relación se incorpora el precio, la deuda neta (deuda total con costo-caja) por acción (a esto se le conoce como valor de la empresa o FV, del Inglés *Firm Value*), con la idea de dificultar la selección de emisoras con un elevado nivel de deuda.

El criterio muestra en términos de una tasa de interés (%) qué tan rentable es el precio de mercado al que cotiza la acción (incorporando su nivel de deuda neto), tomando en cuenta lo que genera el negocio (utilidad operativa).

Por ejemplo, si una empresa genera utilidades operativas (Ebitda) de $2,00 por acción y la suma de su precio de mercado ($7,00) y deuda neta ($3,00) es de $10,00, entonces su rentabilidad (*Yield*) es de 20% (2/10 = 0,2 = 20,0%).

El parámetro que determinamos para identificar oportunidades es una y media vez (1,5x) la tasa libre de riesgo en México (Cete 28d), adicionando la ganancia que en promedio se ha obtenido por el mayor riesgo de invertir en Bolsa en México (respecto a esa misma tasa de riesgo). Esto con la idea de que la selección de emisoras resulte más atractiva.

Para determinar esta «sobretasa» promedio anual, comparamos los rendimientos acumulados por el IPyC y la tasa de Cetes 28d capitalizada en los últimos 21 años (desde 1985). Esta sobretasa ha sido de 33,7% (cuadro siguiente). **En este momento, el parámetro representado en el eje vertical de la gráfica es 15,16% (11,07% de 1,5x el Cete 28d + 33,7% de sobrepremio promedio del mercado accionario en México).**

El razonamiento es el siguiente: «Necesitamos encontrar emisoras cuyos resultados operativos por acción en comparación al precio al que hoy se paga la acción en el mercado resulte más atractivo que la que se obtendría de una tasa de Cete 28d hoy y a la que en general podría pagarme una inversión promedio en Bolsa (IPyC)».

El diagrama siguiente ilustra las dos líneas de parámetros para el *Yield* que se representan en la gráfica de cuadrantes del mapa y la brújula. La línea inferior equivale únicamente a una vez y media la tasa de interés del Cete 28d actual (11,07%) de (base), mientras que la línea de arriba suma un rendimiento 33,7% mayor al de esta tasa (15,16%).

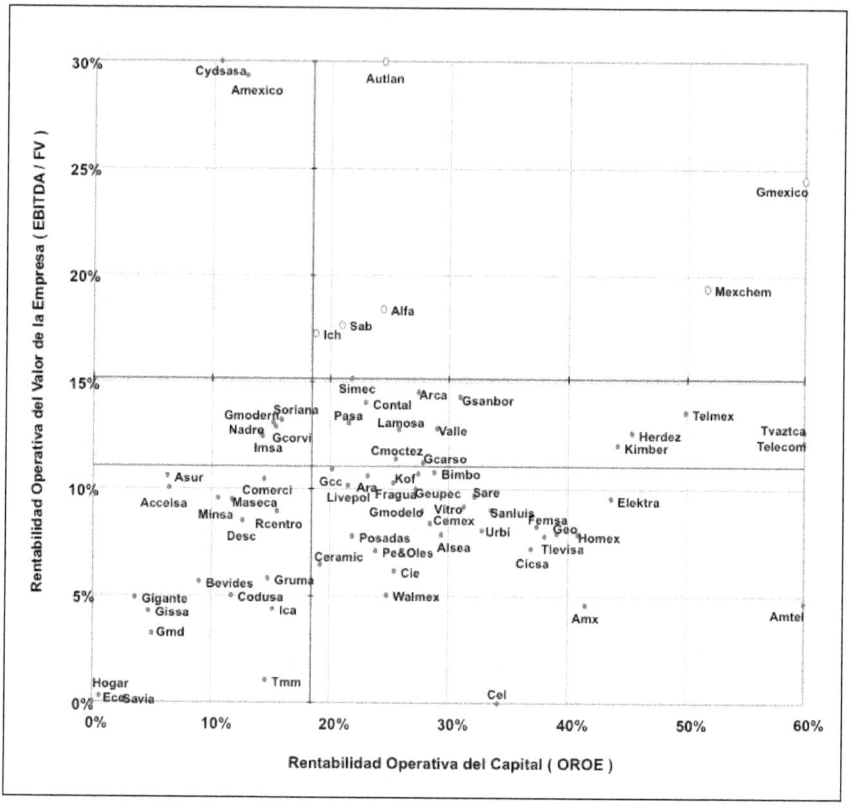

Fuente: Ixe Casa de Bolsa

Hacia principios de 2009 (marzo), con un movimiento de baja en las tasas de interés internacionales y locales y algunas emisoras presentando aún crecimientos en resultados financieros al 4T08 pese a la difícil condición, la cantidad de emisoras identificadas resultaba superior, siendo un argumento adicional sobre la gran oportunidad que ofrecía nuevamente la Bolsa en un horizonte de mayor plazo.

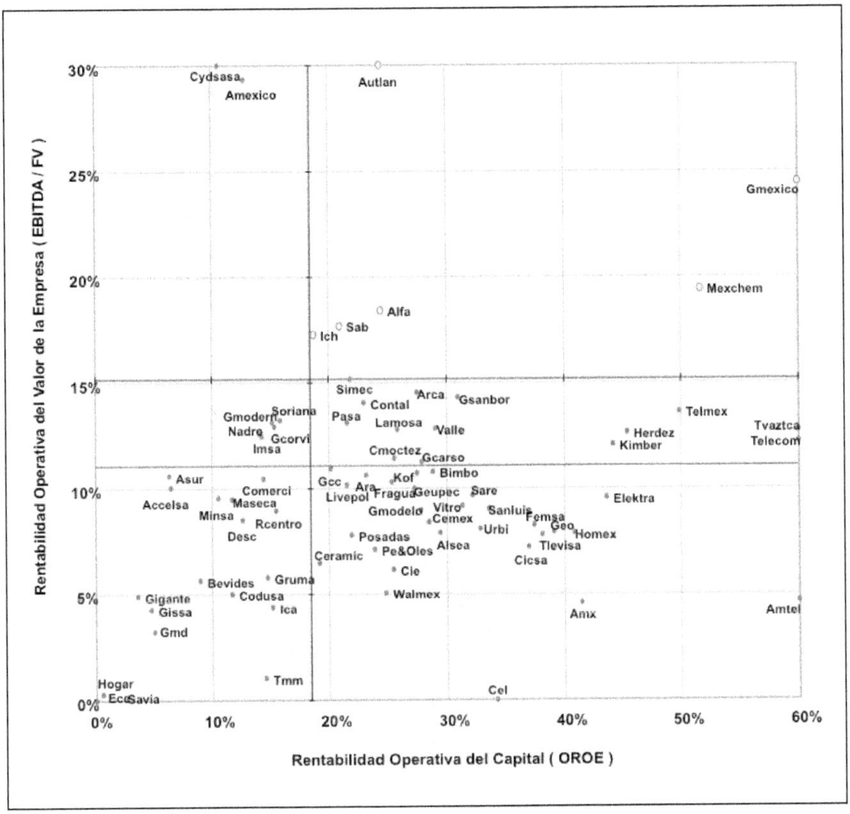

30%
25%
20%
15%
10%
5%
0%
0%
10%
20%
30%
40%
50%
60%
Rentabilidad Operativa del Valor de la Empresa (EBITDA / FV)
Rentabilidad Operativa del Capital (OROE)
Cydsasa
Amexico
Autlan
Gmexico
Mexchem
Alfa
Sab
Ich
Simec
Arca
Gsanbor
Contal
Soriana
Gmodern
Pasa
Nadro
Gcorvi
Imsa
Lamosa
Valle
Cmoctez
Gcarso
Telmex
Herdez
Kimber
Tvaztca
Telecom
Asur
Comerci
Accelsa
Maseca
Minsa
Rcentro
Desc
Gcc
Ara
Livepol
Kof
Bimbo
Fragua
Geupec
Sare
Gmodelo
Vitro
Cemex
Sanluis
Femsa
Geo
Homex
Urbi
Elektra
Posadas
Pe&Oles
Alsea
Tlevisa
Cicsa
Ceramic
Cie
Bevides
Gruma
Gigante
Codusa
Gissa
Ica
Walmex
Amx
Amtel
Gmd
Hogar
Tmm
Cel
Eco
Savia

25 Entorno distinto... enfoque distinto

«Si buscas resultados distintos,
no hagas siempre lo mismo».
Albert Einstein

Al haber entendido la condición de crisis internacional como un suceso no tradicional, es decir, «distinto», hacia finales de 2008 publicamos una nota en que sugeríamos algunos enfoques también diferentes.

En este capítulo recordaremos los enfoques señalados en aquella nota. Como en otros ejercicios de este tipo, los resultados del mismo al momento en que usted los lea serán seguramente muy distintos. ¡No importa!, lo que es fundamental es que identifique y entienda los criterios para poderlos realizar en otras circunstancias similares.

En aquel momento señalamos que era importante insistir en que la tradicional búsqueda de acciones de empresas con atractivo crecimiento previsto y «atractivo valor» con múltiplos como el P/U o FV/Ebitda resultaba entonces difícil por lo incierto de sus resultados operativos y financieros en los próximos meses.

Líquidas, activos baratos, alto dividendo, señal de recompra, etcétera

Comentamos que las empresas de alta liquidez (bursatilidad) serían las de mayor demanda en cuanto la condición del mercado mejorara de manera permanente. Por otra parte, había que atender acciones con un valor de mercado menor al de sus activos descontando deuda (P/VL, VM/VS), otras cuyo potencial pago de dividendos implicara una atractiva tasa de interés contra precio (*Dividend Yield*) y/o considerar aquellas que venían realizando fuertes recompras de sus propias acciones. Todas ésas eran en aquel momento situaciones relevantes. Emisoras que pertenecían a sectores con apoyos del gobierno a través de programas «anticíclicos» (infraestructura) y/o empresas con «contagio» injustificado al asociarlas con sectores con dificultad internacional (financiero) también reflejaban oportunidad. Paciencia y entendimiento real del mayor plazo fueron ingredientes complementarios indispensables que al sumarse difícilmente podrían concluir en una decisión equivocada.

Cuadro 23. Resumen de enfoques, conceptos y emisoras

Enfoque/criterio	Conceptos	Emisoras
Fuerte «peso» y liquidez	Emisoras con fuerte representatividad en el IPyC de alta liquidez serán las de «primer regreso» en el momento de una condición de recuperación más estable.	**Amx, Walmex, Telecom, Elektra y Televisa**
Fierros (pesos a centavos)	Independientemente de sus resultados, su precio de mercado resulta menor al del valor de sus activos descontando además su deuda (VM/VS-P/VL). Incluye buena cobertura.	**Simec, Ich, Gmexico, Maxcom y Ara.**
Dividend Yield	Empresas que de mantener un pago de dividendos, su tasa de interés implícita en comparación al precio de mercado resulta muy atractiva (+9,0%).	**Peñoles, Amx, Kimber, Oma, Contal y Arca.**
Recompra de acciones	Emisoras con fuertes recompras de acciones, entendiendo éstas como una señal de confianza y valor (si se cancelan en doce meses la valuación -múltiplos- mejoran -disminuyen-).	**Cydsasa, Telint, Telmex, Amx, Tvaztca y Compart**

Enfoque/criterio	Conceptos	Emisoras
Sectores especiales. Infraestructura	Emisoras que pertenecen a sectores con un compromiso gubernamental de inversión a mediano plazo (infraestructura).	**Ica, Ideal y Cicsa**
Otros	Contagiados por percepción internacional desfavorable pero no real.	**Compart**

Fuente: Ixe, Casa de Bolsa/BMV

A continuación, mayores detalles sobre algunos de los criterios señalados en la nota citada al inicio de este apartado y las emisoras destacadas en cada uno de ellos.

Criterio: liquidez

Al igual que en el movimiento de baja, las acciones de mayor operación en el mercado accionario en el momento de su eventual recuperación (sostenida) serán las de mayor liquidez (alta bursatilidad). La facilidad y rapidez de compra-venta, la manera en que forman parte de índices considerados como «parámetros a vencer» (*Benchmark*) y el predominio de inversionistas internacionales justificarán dicha demanda. No obstante, nos parece que la demanda sostenida no sucederá con una medida (anuncio) aislada, tendrá que venir de la acumulación de indicadores económicos y corporativos de estabilidad y de posterior recuperación. Destacan: Amx, Walmex, Telecom, Elektra y Tlevisa.

El cuadro siguiente recuerda las acciones de mayor «peso» hoy en el IPyC.

Cuadro 24. Acciones de mayor «peso»

	Clave-pizarra	Serie	«Peso»-IPyC	«Peso» acumulado
1	Amx	L	22,01%	22,01%
2	Walmex	V	14,97%	36,98%
3	Telecom	A1	7,39%	44,37%
4	Elektra	*	5,63%	50,00%
5	Tlevisa	CPO	5,00%	**55,00%**
6	Gfinbur	O	4,87%	59,87%
7	Femsa	UBD	4,00%	63,87%
8	Bimbo	A	3,92%	67,79%
9	Telmex	L	3,67%	71,46%
10	Gcarso	A1	3,34%	**74,80%**
11	Gmexico	B	2,89%	77,69%
12	Cemex	CPO	2,44%	80,13%
13	Soriana	B	2,42%	82,55%
14	Gfnorte	O	2,00%	84,55%
15	Peñoles	*	1,97%	86,52%
16	Telint	L	1,80%	88,32%
17	Ideal	B-1	1,53%	89,85%
18	Kimber	A	1,20%	91,05%
19	Gmodelo	C	1,16%	92,21%
20	Mexchem	*	1,03%	93,24%
21	Urbi	*	0,93%	94,17%
22	Alfa	A	0,80%	94,97%
23	Gap	B	0,67%	95,64%
24	Tvaztca	CPO	0,59%	96,23%
25	Asur	B	0,53%	96,76%
26	Homex	*	0,49%	97,25%
27	Ica	*	0,41%	97,66%
28	Compar	O	0,40%	98,06%
29	Simec	B	0,36%	98,42%
30	Ara	*	0,32%	98,74%
31	Axtel	CPO	0,32%	99,06%
32	Cicsa	B-1	0,29%	99,35%
33	Geo	B	0,28%	99,63%
34	Alsea	*	0,20%	99,83%
35	Gfamsa	A	0,13%	99,96%
36	Comerci	UBC	0,05%	100,01%

Fuente: Ixe Casa de Bolsa/BMV
Criterio: pesos a centavos

Entre las distintas metodologías de valuación para empresas en Bolsa se distinguen dos categorías por su «enfoque»: 1) Las que analizan generación de utilidades o flujos de efectivo o de crecimiento. 2) Las que buscan valor implícito en las mismas inversiones (activos) de las empresas, es decir, sus «fierros». El análisis de utilidades o flujos (por ejemplo: múltiplo P/U, FV/Ebitda y/o DCF —*Discount Cash Flow*—) es generalmente el más común, pues se relaciona con estrategias de menor plazo (identifica empresas con buenos resultados que pueden pagar dividendos). La identificación de valor en «fierros» implica un enfoque de inversión a mucho mayor plazo (por ejemplo: múltiplo P/VL o VS/VM).

El valor de solvencia (VS) es resultado de un ejercicio teórico que asume la venta total de los activos de la empresa con un fuerte «castigo» (dependiendo del grado de disponibilidad de cada tipo de activo (disponible 20%, fijo 40% y diferido 60%), liquidando además todos los pasivos de la empresa. Cuando dicho múltiplo es menor a 1,0x entonces se tienen «pesos a centavos». Para considerar una empresa «barata», comparamos el **valor de mercado (VM) de una empresa *vs.* su valor de solvencia (VS)**. Este último se obtiene al restar del **valor de realización (VR)** los pasivos totales de cada empresa. En el cuadro siguiente se indican las ponderaciones de los criterios. Destacan Simec, Ich, Gmexico, Maxcom y Ara.

Cuadro 25. Criterios fundamentales para selección de emisoras y ponderación correspondiente

Variable	Ponderación	Criterio	Comentario
Bursatilidad	15%	Bursatilidad	La facilidad en compra-venta de acciones es siempre importante.
% exportaciones	0%	Mercado	La condición del tipo de cambio a mayor plazo y/o la de países que demandan la exportación nacional (EUA), afecta los resultados operativos de empresas con ventas en dólares (exportadoras).
Crecimiento nominal Ebitda 2009e	10%	Perspectiva individual	Un crecimiento importante se traduce en valuaciones (múltiplos) menores (más atractivas).
Ebitda/Act. total	0%	Perspectiva individual	Criterio de rentabilidad. Toma mayor importancia con la reciente baja en las tasas de interés.
Cobertura de intereses	25%	Estructura financiera	Siempre importante para evitar considerar empresas con riesgos financieros (suspensión de pagos).
Descuento FV/Ebitda (2009e)	0%	Valuación	Relación del múltiplo 2009 estimado (e)s *vs.* el mismo múltiplo promedio de los últimos tres años.
VS/VM	50%	Valuación	Valuación por «castigo» excesivo en activos de emisoras *vs.* valor de mercado (precio) descontando su deuda.
Variación en % precio	0%	NA	Seleccionamos un periodo de los últimos doce meses (considera la baja desde su máximo hasta hoy).
Yield div. efectivo/ precio actual	0%	NA	En ocasiones esta proporción NO ANUALIZADA puede superar incluso la tasa actual de Cetes 28d.
Otros	0%	NA	Incluye elementos cualitativos (percepción de dirección, cumplimiento de expectativas generadas, concentración en toma de decisiones y rumores recientes).
Total	**100%**		

Fuente: Ixe, Casa de Bolsa

Cuadro 26. Identificación de 10 emisoras por criterios fundamentales con cifras estimadas al 2009

Emisora	Burs.	Export.			Ebitda Estim.		Ebitda / Activo total		Cobertura		FV / Ebitda				VM/VSolvencia		Mov. P$		Dividendo		Otros Cual.
	L	%	L		% crec.	L		L	X	L	Estim.	PU3A	Var. %	L	X	L	%	L	%	L	Calif.
Mediana		19,7			7.8		15,3		3,18				-42,4		3.87						
Simec	29	70,7	42	C	18,6	11	16,4	25	8,72	6	1,69	5,80	-70,9	8	0,69	5	-71,9	16		39	2
Ich	34	66,1	38	C	11,1	26	16,5	24	11,33	4	2,10	4,97	-57,7	22	0,80	7	-59,5	26		39	2
Gmexico	5	64,7	37	X	-22,6	64	34,7	3	3,29	12	1,86	3,99	-53,4	25	1,33	12	-72,2	15	52,3	1	2
Maxcom	37	0,0	1	X	15,9	17	11,8	42	1,00	24	2,46	6,87	-64,2	12	0,74	6	-77,5	8		39	2
Ara	25	0,0	1	C	-2,0	55	15,1	30	1,60	14	3,03	8,65	-64,9	10	0,96	8	-62,5	24	3,2	25	1
Gap	19	0,0	1	C	0,0	49	8,4	54	4,90	10	5,80	10,40	-44,2	33	1,35	14	-49,9	35	8,0	10	2
Comerci	21	0,0	1	X	2,0	46	10,3	51	0,73	31	1,85	8,29	-77,7	3	0,69	4	-93,3	1	7,0	13	3
Urbi	20	0,0	1	X	17,4	14	13,8	32	1,40	18	4,74	12,88	-63,2	13	1,88	18	-52,3	32		39	3
Gmodelo	12	42,7	31	X	3,3	44	23,2	12	S.D.	1	5,34	9,50	-43,8	34	2,31	23	-35,7	44	5,8	15	2
Asur	35	0,0	1	X	-0,8	51	11,8	43	M.B.	1	4,63	8,33	-44,5	31	1,55	15	-48,5	37	5,8	16	2

Fuente: Ixe, Casa de Bolsa

L: Lugar en dicha variable en una muestra de 63 empresas.

X: Estimación de Ixe Grupo Financiero.

C: Estimación de consenso de mercado y/o compañía.

T: Estimación por una metodología de tendencias.

PU3A: Promedio últimos tres años.

Otros cualitativos: 1 Muy Positivo; 2 Positivo; 3 Neutral; 4 Negativo; 5 Muy Negativo.

Abreviaciones: FV (Firm Value) = precio de mercado + deuda neta + (interés minoritario * P/VL)

Ebitda (Earnings Before Interest, Taxes, Depreciation & Amortization): utilidad operativa + depreciación.

Criterio: dividendo en efectivo.

La política de pago de dividendos (distribución de utilidades) ha sido y será siempre un elemento básico para el inversionista bursátil que en realidad piensa como accionista. Aunque reconocemos que el reto hoy es determinar primero cuáles empresas serán capaces de presentar crecimiento en utilidades y luego repartirlas en un contexto de crisis, el atender la relación entre el pago de dividendos en efectivo que decretan las empresas en comparación al precio actual tan bajo (*Dividend Yield*) puede resultar interesante.

El cuadro siguiente indica la relación dividendo en efectivo/precio (*Dividend Yield,* expresada en una tasa de interés) que hoy tiene un grupo de acciones al suponer que al inicio del próximo año las empresas emisoras decretarán un dividendo en efectivo similar al reportado en los últimos doce meses.

Para ello, filtramos en un ejercicio de selección (orden descendente) aquellas emisoras que al 3T08 no tuvieran un deterioro muy importante en el avance de su resultado operativo (Ebitda), pues el dividendo a decretar será con las utilidades de este año para pagarse entre abril y mayo de 2009 y que además observan cierta bursatilidad. En países como Estados Unidos, donde se viene presentando una fuerte baja en la tasa de interés (hoy de 1,0% la de la Reserva Federal con expectativa de un recorte adicional hacia 0,5% antes de fin de año), esta situación se vuelve aún más interesante, aunque insistimos que el primer reto (y más difícil) consiste en identificar a las compañías que puedan estar dispuestas a decretar dividendos en un contexto tan incierto y económicamente difícil como los años que se avizoran. Destacan: Peñoles, Amx, Kimber, Oma, Contal y Arca.

Cuadro 27. Criterios fundamentales para selección de emisoras y ponderación correspondiente

Emisora	Lugar en Bursat.	Export. %	Ebitda % Crec.	Cobertura Veces	FV/Ebitda Último	FV/Ebitda Prom. 3A	FV/Ebitda Var. %	Mov. en precio %	Dividendo %
Peñoles	16	74,2	37,4	2,61	4,12	9,86	-58,2	-75,9	22,8%
Amx	1	60,2	8,3	1,19	5,57	11,02	-49,4	-44,5	7,5%
Kimber	24	6,6	7,6	1,28	7,11	7,81	-9,0	-20,4	8,1%
Oma	28	0,0	-7,7	M.B.	4,83	10,88	-55,6	-64,1	9,9%
Contal	47	0,0	-4,8	M.B.	4,76	6,51	-26,9	-34,7	1,5%
Arca	43	3,8	-4,0	4,01	4,20	6,58	-36,2	-41,2	8,2%

Fuente: Ixe, Casa de Bolsa. Muestra total de 115 empresas con resultados conocidos al 3T08 y precios al 20 de noviembre (2:00 p.m.)

* Desde su nivel más alto en los últimos 12 meses hasta hoy.

Cobertura = caja + Ebitda 12m/deuda total + intereses netos.

Criterio: recompra de acciones

Actualizamos un ejercicio de recompra de acciones, una de las formas en que las empresas en Bolsa pueden crear valor para sus accionistas es a través de este mecanismo, ya sea ayudando a un comportamiento más saludable en el precio de la acción, o bien mandando la «señal de confianza» y de autoreconocimiento de valor.

El cuadro siguiente identifica aquellas emisoras que han registrado mayor actividad en su fondo de compra en los últimos seis y doce meses, considerando los títulos comprados en estos periodos como proporción de sus acciones totales. Recordemos que aquellos títulos que están en tesorería más de un año automáticamente son cancelados, y por lo tanto, el resto de las acciones en circulación tendrán mayor participación en la empresa, lo cual se traducirá en una mayor utilidad por acción y/o un mayor *Dividend Yield*, favoreciendo así su valuación (múltiplos) y con ello seguramente también al precio de ésta. Dentro de las empresas que han comprado mayor número de acciones en los últimos doce meses como proporción de sus acciones totales destacan: Cydsasa, Telint, Telmex, Amx y Tvaztca.

Cuadro 28. Recompra de acciones: u12m y u6m como % de sus acciones totales

Emisora		U6m % del total	U12m % del Total
1	Cydsasa A	13,02%	**13,02%**
2	Telint L	4,37%	**5,09%**
3	Telmex L	2,16%	**4,54%**
4	Amx L	3,13%	**4,51%**
5	Tvaztca CPO	-0,26%	**3,07%**
6	Axtel CPO	1,78%	**2,34%**
7	Compart O	1,93%	**2,31%**

Fuente: BMV/Ixe Casa de Bolsa

26

Ganar sin importar dirección

«Ganar no lo es todo,
pero querer ganar sí lo es».
Vince Lombardi

Hacia principios del 2009 (15 de enero) aparecieron diez nuevas emisoras extranjeras en el mercado global bajo la categoría de ETF's (*Exchange Traded Funds*/Vehículos de inversión indexados diseñados para dar acceso instantáneo y diversificado a tipos de activos específicos) registrados en el SIC (Sistema Internacional de Cotizaciones de la BMV) divididos en dos tipos: *Proshares Shorts* y *Proshares Ultra*. Los primeros están diseñados para moverse de manera similar a una acción, pero en dirección opuesta al comportamiento de algún índice de referencia, mientras que los segundos duplican el resultado (por ejemplo, si el índice S&P 500 gana 1% en un día, el *ProShare Short S&P500* perdería 1%, mientras que el *Ultra ProShare S&P500* duplica al ganar 2%, y el *Utra ProShare Short* perdería -2.0%.

Los *ProShares* son parte del grupo *ProFunds*, el más extenso administrador de fondos cortos y de apalancamiento del mundo. Por ahora no se tienen de éstos para el mercado mexicano (acciones o índices), los instrumentos recién listados en la Bolsa Mexicana de Valores están relacionados con el índice Dow Jones y con índices del sector financiero, energético, materiales para la construcción, consumo, industrial, *Real Estate* y tecnología, pertenecientes al mismo Dow Jones.

Los fondos *ProShares* están basados en buscar resultados de inversión diarios (antes de honorarios y gastos). No buscan conseguir un objetivo de inversión en un periodo superior a un día. Estos fondos se utilizan como cobertura contra las recesiones, cuando los mercados están en declive o para replicar el rendimiento diario de los índices o parámetros de referencia.

Si se atiende a un horizonte temporal de mayor plazo para recuperar la inversión, pero si usted como inversionista se encuentra en un mercado sobrevaluado, en lugar de vender sus posturas (que implicaría costos de transacción), resultaría interesante crear una cobertura para proteger su inversión en el corto plazo. En este sentido, los *ProShares* permiten hacer esto de una manera más sencilla, permitiéndole aumentar su cobertura a la exposición sin inversiones adicionales.

En aquel momento comenzamos a evaluar nuevas metodologías, instrumentos y herramientas de inversión bursátil mediante las cuales el participante en Bolsa pudiera ganar independientemente de la dirección del mercado, ¡Sí se gana si la Bolsa sube o baja!

En principio, evaluamos el utilizar nuestra herramienta ET (estrategia de tendencia), basada en el empleo consistente de un promedio móvil ideal (distinto para cada emisora o índice).

Congruentes con nuestra eterna propuesta de priorizar el cuidado del riesgo sobre el rendimiento y/o entender este último como consecuencia del buen manejo del primero, nos importó en particular disminuir los riesgos de decidir una operación «corta» o una «larga» en una tendencia contraria (equivocada).

Al cierre de este libro seguíamos trabajando en la manera de combinar la oportunidad que ofrecen estos nuevos instrumentos de fácil acceso desde nuestro país con metodologías encaminadas a cuidar el riesgo. Todo apunta a nuevo material para un próximo proyecto. En este último capítulo, simplemente compartimos mayor información sobre éstos.

Clasificación

Se dividen de la siguiente manera:
Short ProShares o cortos: son los primeros ETF'F diseñados para subir cuando los índices o *Benchmark* de comparación están basados en bajar y viceversa. Se utilizan para buscar beneficios en un mercado en recesión o cubrir una inversión. El riesgo que asume este tipo de *ProShare* es que debe perder dinero cuando su parámetro o índice está en aumento, resultado que es opuesto en el caso de los ETF's tradicionales. Es decir, asume el riesgo de correlación inversa, apalancamiento, variación en el precio del mercado y el riesgo de ventas en corto. Además, *ProShares* no son inversiones diversificadas. Esto es relevante porque incrementa la volatilidad y puede reducir el rendimiento. Existen varias subdivisiones del *Short Proshare*:

Short MarketCap
Short Style
Short Sector
Short Internacional
Short Fixed-Income
Short Commodity
Short Currency

Ultra ProShares: son los primeros ETF's diseñados para duplicar el rendimiento diario de los índices o parámetros en lo que ellos se basan. Cada fondo se invierte en títulos de renta variable o instrumentos financieros (incluyendo derivados) que, en combinación, deben tener características similares a los índices de referencia a fin de regresar el doble (200%) al día de lo que resulta en los índices. Se utilizan para ampliar el impacto de una inversión.

Renta variable: son valores comunes que incluyen acciones, acciones preferentes, certificados de depósito, valores convertibles y *Warrants*.

Instrumentos financieros (incluidos los derivados): son contratos de inversión cuyo valor se deriva del de un activo subyacente, los tipos de interés o índice. Los instrumentos financieros también pueden ser utilizados para producir resultados de inversión apalancados.

Este tipo de *ProShares* asumen ciertos riesgos, incluyendo el apalancamiento y la variación en el precio de mercado. Cada *Ultra ProShare* podrá invertir en instrumentos financieros como un sustituto de la inversión directa en acciones o bonos a fin de obtener exposición a los índices subyacentes.

Los *ProShares* están diseñados para satisfacer los objetivos del día a día, sin embargo, los resultados a más largo plazo pueden ser diferentes e, incluso, no hay ninguna garantía de que cualquier *ProShare* logre su objetivo de inversión. Este tipo de fondos se dividen en:

Ultra MarketCap
Ultra Style
Ultra Sector
Ultra Commodity
Ultra Curency

En los *ProShares*, el administrador debe determinar el tipo, la cantidad y la combinación de posiciones de inversión que debe mantener el fondo para tener una mayor aproximación al desempeño del índice de referencia. Además, el fondo podrá obtener exposición a valores que no estén incluidos en el índice subyacente.

Cada fondo tiene por objeto seguir plenamente invertido en todo momento en los valores o instrumentos financieros que proporcionen la exposición a su índice subyacente, sin tener en cuenta las condiciones del mercado, las tendencias o la dirección del mismo. Los fondos no toman posiciones defensivas temporales.

Más riesgos

Agresivas técnicas de inversión (para todos los fondos). Los fondos utilizan distintas técnicas de inversión que pueden ser consideradas como agresivas, incluyendo el uso de contratos futuros, valores de renta variable o índices. La inversión de los fondos en instrumentos financieros puede resultar pequeña en relación con la exposición asumida y puede ocurrir el caso en que se termine con una pérdida superior al monto invertido. Cuando estos instrumentos son utilizados, particularmente para apalancar, pueden exponer a los fondos a cambios potenciales (de pérdida o ganancia) en el valor de los instrumentos que derive en una correlación imperfecta entre el valor del instrumento y el índice de referencia.

Concentración del riesgo. Un fondo típico concentra sus inversiones en emisoras de una o más industrias en la misma medida que su índice de referencia, siguiendo la regulación aplicable. Existe el riesgo de que ese sector tenga un rendimiento pobre y afecte de manera directa al fondo, cosa que se puede minimizar si se diversifica éste.

Correlación. Un número de factores pueden hacer que un fondo logre un alto grado de correlación con su índice de referencia, por lo mismo, no existe garantía de que alcance siempre su objetivo de inversión. Dentro de estos factores están: los honorarios, gastos, costos de transacción, costos asociados con el uso de técnicas de apalancamiento de inversiones, las normas de contabilidad o la poca liquidez de los mercados de valores.

Riesgo de mercado. Los mercados de capitales son volátiles, y el valor de los futuros, opciones y otros instrumentos financieros que estén correlacionados con aquellos pueden sufrir cambios drásticos día a día. No obstante, los *ProShares* reaccionan de manera favorable en este tipo de situaciones.

Estadísticas

Cuadro 29. Lista de ProShares en la BMV

ETF's	Estrategia
PowerShares DB G10 Currency Harvest Fund (DBV)	Divisas de alto tipo de interés *vs.* de bajo tipo de interés.
PowerShares DB Energy Fund (DBE)	Futuros de materias primas del sector energético.
PowerShares DB Oil Fund (DBO)	Futuros del petróleo.
PowerShares DB Precious Metals Fund (DBP)	Futuros del oro y la plata.
PowerShares DB Base Metals Fund (DBP)	Futuros de metales básicos.
PowerShares DB Agriculture Fund (DBA)	Futuros de algunas de las materias primas agrícolas.
PowerShares DB US Dollar Index Bullish Fund (UUP)	Posiciones largas en contratos de futuros en divisa dólar americano.
PowerShares DB US Dollar Index Bearish Fund (UDN)	Posiciones cortas en contratos de futuros en divisa dólar americano.

Fuente: BMV

27

Bolsa con estrategia... ¡La mejor históricamente!

«El mundo exige resultados. No les cuentes a otros tus dolores del parto. Muéstrales al niño».

Indira Gandhi

Tras las reflexiones, las lecciones y demás, lo importante serán siempre los resultados. El cuadro siguiente comparte los resultados de un ejercicio actualizado al cierre de 2008 (incluye la caída nominal del índice bursátil de -24.2% de ese año) en el que se comparan los saldos acumulados después de distintos periodos (últimos 21, 28, 15, 10, etc.) luego de una inversión inicial (una sola vez) de cincuenta mil pesos ($50.000) al inicio de cada año.

Cuadro 30. Saldos nominales acumulados con una inversión inicial de $50.000,00

Años	Últimos	IPC	IPC con *ET	**Dólar	Dow Jones	*** MSCI Global	****MSCI Emerging	***** ISIC	Oro Spot L	Petróleo WTI	****** Cetes
1988	21 a	10,589,723	62,683,000	313,730	1,420,167	1,112,409	1,775,024				3,692,452
1989	20 a	5,290,105	28,491,000	303,924	1,229,989	869,126	1,274,961				1,889,567
1990	19 a	2,671,129	14,214,500	258,338	823,505	627,958	680,775		566,830	526,952	1,215,118
1991	18 a	1,779,634	8,716,500	235,799	785,776	686,272	720,515		527,573	376,766	862,153
1992	17 a	781,731	4,084,000	226,109	626,231	548,793	442,964		561,349	534,660	712,103
1993	16 a	636,007	2,939,500	222,124	590,544	562,939	399,052		587,071	501,828	609,746
1994	15 a	429,956	1,790,500	223,125	521,627	452,808	234,063		502,732	685,702	525,676
1995	14 a	471,034	1,444,000	134,612	308,103	260,106	154,616		309,278	333,879	456,962
1996	13 a	402,745	950,000	90,150	154,616	145,817	111,274		204,771	204,296	283,970
1997	12 a	332,938	819,500	87,809	119,512	125,469	104,303		209,771	151,857	208,440
1998	11 a	213,988	595,485	85,958	95,394	106,808	117,910	116,428	261,650	214,895	171,161
1999	10 a	282,604	643,340	69,933	66,848	71,247	132,344	152,494	213,464	260,039	134,240
2000	9 a	156,947	307,900	72,820	55,803	58,487	84,182	103,974	222,430	124,908	108,636
2001	8 a	197,979	308,240	72,026	58,596	67,232	122,085	131,402	232,772	119,277	93,295
2002	7 a	175,607	287,635	75,682	66,279	84,013	134,907	122,934	238,713	170,633	83,443
2003	6 a	182,634	273,540	66,723	70,200	91,417	129,242	131,985	168,671	94,310	77,740
2004	5 a	127,229	185,705	61,776	51,863	62,866	78,937	100,603	130,831	84,527	73,048
2005	4 a	86,625	130,365	62,169	50,600	54,656	64,877	76,223	124,757	63,523	68,253
2006	3 a	62,856	94,535	65,204	53,395	51,470	52,218	60,289	110,967	46,848	62,286
2007	2 a	42,310	62,800	63,735	44,882	41,329	39,618	45,534	88,062	45,703	57,981
2008	1 a	37,885	52,825	63,509	42,020	36,644	28,847	39,431	67,010	29,129	53,970

Fuente: Ixe Casa de Bolsa, BMV, Banxico, Bloomberg
* Estrategia de tendencias
** Sólo paridad cambiaria (no incluye tasa de interés en EUA
*** Índice de mercados accionarios globales de Morgan Stanley
**** Índice de mercados accionarios emergentes de Morgan Stanley
***** Índice de sociedades de inversión común
****** Tasa promedio del mes capitalizada

El cuadro anterior identifica en un recuadro como ejemplo lo sucedido desde el año 1992 (hace 17 años) hasta finales del 2008. Durante dicho periodo, una inversión de $50.000 tuvo un saldo a finales de 2008 de $712.103 en Cetes, de 561.349 para quien hubiese optado por «cubrirse» en oro, de $442.962 para quien hubiera diversificado un portafolio en acciones entre empresas de países emergentes (*MSCI Emerging*), de $548.793 para quien optó por diversas acciones a nivel global, es decir, empresas de países tanto emergentes como desarrollados (*MSCI Global*), de $226.109 en la Bolsa de Estados Unidos (Dow Jones), de $226.109 para quien optó por dólares (incluyendo la devaluación de 22,2% de nuestra moneda en 2008), de $781.731 en la Bolsa en directo (permanentemente invertido) y de $4.084.000 en Bolsa con estrategia consistente (en este caso la herramienta ET). De hecho, la permanencia de un año más (desde 1991, cuando el índice de la Bolsa ganó 127,6% en forma nominal) hubiese elevado el resultado a $8.716.500. ¿Lo ve? La inversión en esta alternativa ha sido y seguirá siendo lo más rentable a mayor plazo.

¿Periodo atípico?

A pesar de lo contundente de este resultado, muchas personas se resisten a participar (recuerde: es por falta de información). Por otra parte, resulta frecuente que se considere que el plazo del ejercicio del cuadro anterior fuese «especialmente» bueno para la Bolsa y por ello los resultados.

¡No es así! De hecho, el cuadro indica también aquellos años en que el índice bursátil tuvo resultados negativos. En los últimos veinte años los eventos en los mercados han sido de distinta índole, varios de ellos poco favorables (guerras, asesinatos de candidatos, atentados terroristas en Estados Unidos, fraudes, quiebras, etc.). De hecho, si observa, el resultado «lineal» o siempre invertido en Bolsa no es tan atractivo en función del riesgo asociado cuando se le compara con Cetes. La diferencia sucede cuando se incorporan estrategias orientadas a la disminución de riesgos.

28

¿Dos años consecutivos de baja?... ¡No hasta el 2009!

«La primera vez que me engañes, será culpa tuya; la segunda vez, la culpa será mía».
Proverbio árabe

Aunque siempre existe «una primera vez», resultaba interesante observar al inicio de 2009 cómo en los últimos 23 años no se había presentado NUNCA un movimiento de corrección (baja) en el índice bursátil en dos años consecutivos.

Cuadro 31. Comportamiento anual del índice bursátil en México (1986-2008)

Año	Variación % nominal del IPyC
1986	320,66%
1987	124,35%
1988	100,18%
1989	98,05%
1990	50,09%
1991	127,65%
1992	22,91%
1993	47,92%
1994	-8,72%
1995	16,96%
1996	20,97%
1997	55,59%
1998	-24,28%
1999	80,06%
2000	-20,73%
2001	12,74%
2002	-3,85%
2003	43,55%
2004	46,87%
2005	37,81%
2006	48,56%
2007	11,68%
2008	-24,2%

Fuente: Ixe Casa de Bolsa/BMV

Por otra parte, y recordando nuevamente este entendimiento de «ciclos» económicos y de mercados, había que reconocer el extraordinario momento de alza observado durante los años 2003 al 2006 cuando el mercado accionario en México promedió crecimientos nominales anuales cercanos a 40,0%, relacionado en gran parte con el fuerte interés (demanda) que en general presentaron los mercados emergentes al considerarlos «el nuevo motor de la economía mundial», encabezados por países como Brasil, Rusia, India y China, mismos que se entendieron bajo las siglas BRIC.

29

Los primeros dos meses del año... poco representantivos

«Nuestra mayor gloria no está en no haber caído
nunca, sino en levantarnos cada vez que caemos».
Oliver Goldsmith

Tras haber acumulado el IPyC una caída nominal de 20,7% y el dólar un 30,0% al mes de febrero del 2009, la más fuerte entre los mercados accionarios internacionales en lo que corría del año, la preocupación y desánimo de los participantes crecía también de manera natural.

En ese momento, el que esto escribe y un equipo de trabajo elaboramos un documento estadístico en el que recordábamos que desde 1985 (los últimos 24 años), en seis años (1989, 1993, 1995, 1998, 2003 y 2008), es decir, el 25,0% de las veces, el indicador bursátil acumuló en los primeros dos meses una caída mayor a 1,0%, y únicamente en dos de ellos (1998 y 2008), equivalente a una tercera parte de las veces, el IPyC terminó el año con una variación negativa. De hecho, 1995, el año con mayor pérdida acumulada hasta febrero, terminó con un saldo anual positivo.

El cuadro que se presenta a continuación detalla la estadística señalada. El comentario que acompañó a aquel reporte señalaba que, sin pretender minimizar la difícil condición de la crisis económica mundial de ese momento, considerábamos que difícilmente TODOS los esfuerzos internacionales por contenerla (baja en tasas, rescate a sectores, estímulos fiscales, etc.) no funcionarían. Eventualmente, los indicadores se estabilizaron y en ese momento, como en otras ocasiones, el mercado iniciaría una pronta y fuerte recuperación al reconocer las muy castigadas valuaciones actuales.

Cabe señalar que un mes después (marzo del 2009), el indicador del mercado accionario mostraba una recuperación nominal y en dólares de 10,5% y 17,5%, respectivamente. Faltaban aún nueve meses para el cierre del año.

Cuadro 32. Variaciones históricas enero-febrero *vs.* acumulado anual

	Variación enero	Variación febrero	Variación en dos meses	Variación anual
1985	**-6,81%**	13,26%	5,55%	181,26%
1986	26,86%	**-0,38%**	26,37%	320,66%
1987	27,98%	32,42%	69,47%	124,35%
1988	32,13%	43,67%	89,83%	100,18%
1989	**-0,62%**	**-0,90%**	**-1,52%**	98,05%
1990	6,16%	6,36%	12,91%	50,09%
1991	**-0,92%**	5,81%	4,83%	127,65%
1992	13,41%	14,61%	29,98%	22,91%
1993	**-6,04%**	**-6,44%**	**-12,09%**	47,92%
1994	6,87%	**-7,04%**	**-0,66%**	**-8,72%**
1995	**-11,86%**	**-25,99%**	**-34,76%**	16,96%
1996	9,22%	**-6,66%**	1,95%	20,97%
1997	8,51%	5,31%	14,28%	55,59%
1998	**-12,62%**	4,71%	**-8,51%**	**-24,28%**
1999	**-0,04%**	7,65%	7,61%	80,06%
2000	**-7,63%**	11,89%	3,35%	**-20,73%**
2001	14,94%	**-7,15%**	6,72%	12,74%
2002	8,72%	**-2,79%**	5,68%	**-3,85%**
2003	**-2,82%**	**-0,46%**	**-3,26%**	43,55%
2004	7,20%	5,97%	13,60%	46,87%
2005	1,39%	5,29%	6,75%	37,81%
2006	6,20%	**-1,06%**	5,08%	48,56%
2007	4,21%	**-3,35%**	0,72%	11,68%
2008	**-2,52%**	0,43%	**-2,09%**	**-24,23%**
2009	**-12,58%**	**-9,27%**	**-20,68%**	

Fuente: Ixe Casa de Bolsa/BMV

30

Los «rebotes técnicos»

«Véndelas y estarás afligido, cómpralas y estarás
arrepentido, consérvalas y te preocuparás,
no hagas nada y estarás molesto».

(Sobre las acciones) Wall Street

En muchas ocasiones, hacia el inicio de 2009, la incertidumbre prevaleciente entre participantes se manifestaba en volatilidad y falta de dirección de los mercados accionarios (tanto en México como en el resto del mundo). La acumulación de datos fundamentales negativos competía una y otra vez con la esperanza de los esfuerzos y medidas de apoyo que se anunciaban de manera recurrente.

Durante aquellas semanas mantuvimos nuestra opinión de que el mercado accionario presentaba una condición de oportunidad ÚNICA en un horizonte a mayor plazo al haber incorporado ya en la caída de precios expectativas negativas futuras. Por otra parte, las valuaciones alcanzaban los niveles más bajos en quince años. Sin embargo, insistíamos en que un movimiento de alza más permanente debería de tomar mayor tiempo en iniciar mientras continuara sin existir una mejora más clara de indicadores fundamentales.

El «volado» del día siguiente: 60% de alza-40% de baja

Dimos a conocer entonces un cuadro que recordaba cómo en los últimos doce meses habían sucedido quince sesiones en el que el IPyC avanzó más de 3,0% el mismo día. Del total de esas sesiones de gran alza, 60% de las sesiones o días siguientes, el índice bursátil se mantuvo al alza sin que necesariamente se manifestara un cambio de tendencia y el 40% restante se fue a la baja. De hecho, en el mismo lapso de últimos doce meses el IPyC había acumulado una pérdida de -40,06%.

La información intentaba demostrar la manera en que en un escenario incierto y con fundamentos débiles la presencia de movimientos de alza importantes en un día no garantizaba la definición de una tendencia a mayor plazo.

Como lo comentamos en algunas lecciones de este libro, la influencia de otros factores, entre ellos los de tipo técnico (participantes *Traders* que obedecen principalmente al comportamiento del precio y que buscan resultados a muy corto plazo), estuvo frecuentemente detrás de esos comportamientos.

Cuadro 33. Movimientos posteriores a alzas diarias mayores a 3,0% en últimos doce meses (IPyC)

Fecha	Variación del día (%)	Variación del día siguiente (%)
13 de octubre 2008	11,01	0,67
28 de octubre 2008	10,46	2,82
24 de noviembre 2008	7,00	-1,19
30 de octubre 2008	5,48	1,18
8 de diciembre 2008	5,41	1,28
13 de noviembre 2008	4,81	-0,75
18 de septiembre 2008	4,78	4,57
16 de diciembre 2008	4,66	2,45
19 de septiembre 2008	4,57	-2,21
4 de noviembre 2008	4,48	-5,05
11 de marzo 2008	4,46	-0,62
30 de septiembre 2008	3,90	0,92
2 de enero 2009	3,89	-0,05
26 denoviembre 2008	3,77	0,88
6 de febrero 2009	3,55	0,48

Fuente: Ixe Casa de Bolsa/BMV

31

«Valuaciones históricas»

«El valor de un acto se juzga por su oportunidad».
Lao-Tsé

A lo largo de los muchos momentos difíciles observados en Bolsa (por causa de una fuerte caída de precios), en la crisis del 2008 los participantes trataban de identificar niveles de «piso» en el IPyC. Los actores tipo *Traders* utilizaban como siempre elementos técnicos relacionados con precios, no obstante nosotros propusimos un enfoque fundamental a través de valuaciones (múltiplos FV/Ebitda).

En los últimos años, los niveles mínimo, promedio y máximo del múltiplo FV/Ebitda en el IPyC habían sido 5,0x (en octubre del 2008), 7,5x y 10,0x (el 8 de octubre de 2007), respectivamente.

Hacia mediados de febrero de 2009, muchas empresas en Bolsa en México habían presentado ya sus resultados financieros correspondientes al 4T08. Dado que en muchos casos los resultados operativos (Ebitda) confirmaron la expectativa de disminuciones nominales (caídas) en sus comparativos anuales, los múltiplos conocidos (12m) se encarecían.

El cuadro siguiente actualizaba y comparaba los niveles del IPyC correspondientes a distintas valuaciones (escenarios) de múltiplos FV/

Ebitda y también del P/VL con objeto de identificar «pisos». Hasta el término de este libro los niveles de «**piso**» se habían respetado.

La oportunidad

No obstante, el propósito de compartir esta estadística no es proporcionar información sobre estos niveles, los cuales se actualizan periódicamente en función de los propios resultados financieros que publican cada tres meses las empresas en Bolsa, sino demostrar los muy atractivos niveles de valuación que ofrecía el mercado accionario al inicio de 2009 en comparativos históricos como sinónimo de oportunidad en una inversión a mayor plazo.

Cuadro 34. Referencias entre múltiplos y niveles del IPyC

Referencia histórica	**FV/Ebitda**	**IPC**
Máximo U3A	10,00	31.430,93
	9,00	28.287,83
Rebotes en 2007	8,51	26.747,72
	8,00	25.144,74
Promedio U3A	7,50	23.573,19
	7,00	22.001,65
Actual	6,75	21.215,88
Mínimo U3A (antes de octubre 2008)	6,50	20.430,10
	5,83	18.324,23
	5,50	17.287,01
Mínimo U17A (octubre 10, 2008)	5,00	15.715,46
Referencia histórica	**P/VL**	**IPC**
Máximo	3,94	37.998,67
Promedio U3A	3,05	29.415,21
Promedio U5A	2,68	25.846,81
Promedio U10A	2,29	22.085,52
Actual	1,90	18.324,23
Mínimo 2008	1,83	17.649,13
Mínimo U3A	1,83	17.649,13
Mínimo U5A	1,76	16.974,02
Mínimo U10A	1,43	13.791,39

Fuente: Ixe Casa de Bolsa/BMV

El cuadro anterior comparó los niveles correspondientes del IPyC a distintos niveles de múltiplos. El FV/Ebitda se entiende como una referencia de menor plazo asociada con las utilidades operativas (Ebitda) de las empresas, pero de difícil estimación en ese momento debido a la poca visibilidad en el ambiente de negocios (por ello usamos múltiplos conocidos o de los últimos doce meses). El múltiplo P/VL indica oportunidades a mayor plazo a partir del comparativo de los valores contables (capital) de la empresa contra el valor de mercado.

32

Grandes caídas... «grandes regresos»

«Si ya sabes qué hacer y no lo haces,
entonces estás peor que antes».
Confusio

Concluimos este apartado de notas de carácter estadístico con un grupo de gráficas que nos muestran de manera más clara el tan referido comportamiento cíclico de los mercados accionarios en particular.

Las gráficas se relacionan con la tabla incluida en la introducción del libro que registra las mayores caídas en las Bolsas de Estados Unidos (índice Standard & Poor´s) en las últimas cinco décadas (¡cincuenta años!), pero sobre todo destaca la recuperación que una y otra vez sucede luego de las bajas.

¿Se ha puesto a pensar de cuánto es el nivel de su inflación personal? No me refiero a la que cada año publica Banco de México, sino a la que en verdad tiene usted, a la que se relaciona con su propia «canasta de consumo», la que tiene que ver con los productos y servicios del nivel de vida que lleva usted y su familia. ¿Cuánto le aumenta cada año la colegiatura de sus hijos, sus servicios médicos, su predial, sus diversiones, etc.? Le puedo asegurar que su inflación personal es mayor a la «oficial». Ahora compare esa inflación personal con la tasa de interés nominal que le ofrece una «inversión sin riesgo» o llamada renta fija. ¿Qué tal? Tal vez hasta negativa o muy pequeña. ¿Cree de verdad que podrá construir un buen patrimonio con esa alternativa de ahorro?

Con todas las evidencias, la información y conceptos expuestos en las páginas anteriores me atrevo a insistir en que el mayor riesgo para usted será siempre no invertir o participar del mercado accionario. Recuerde: puede ser mucho menos riesgoso de lo que piensa, menos complicado y mucho, mucho más accesible de lo que se imagina.

A continuación, una gráfica que muestra la fuerte caída de la crisis del año 1929 acompañada de una fuerte recuperación posterior.

S&P 1929

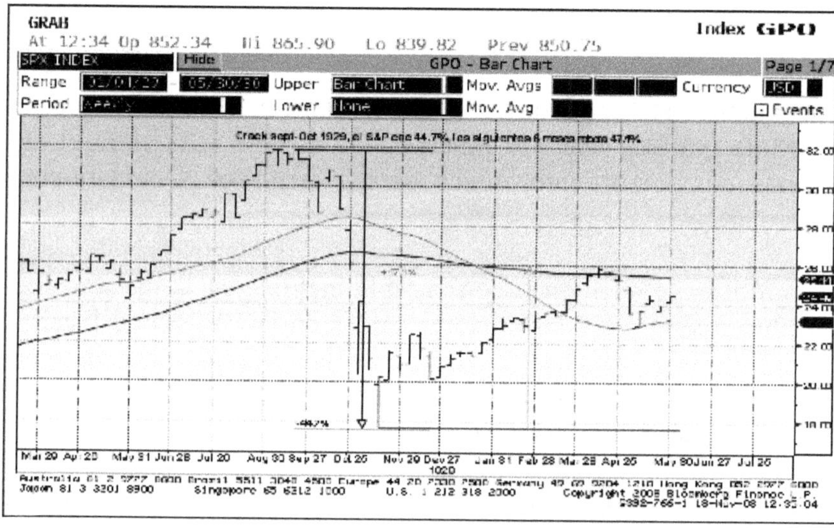

Fuente: Bloomberg

Ahora la de 1975 con su correspondiente «regreso».

S&P 1975

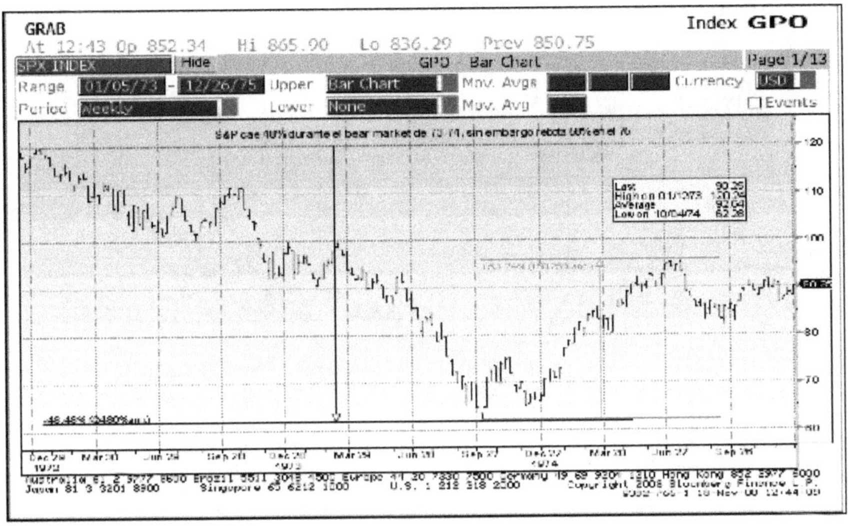

Fuente: Bloomberg

Una más, la de 1987.

S&P 1987

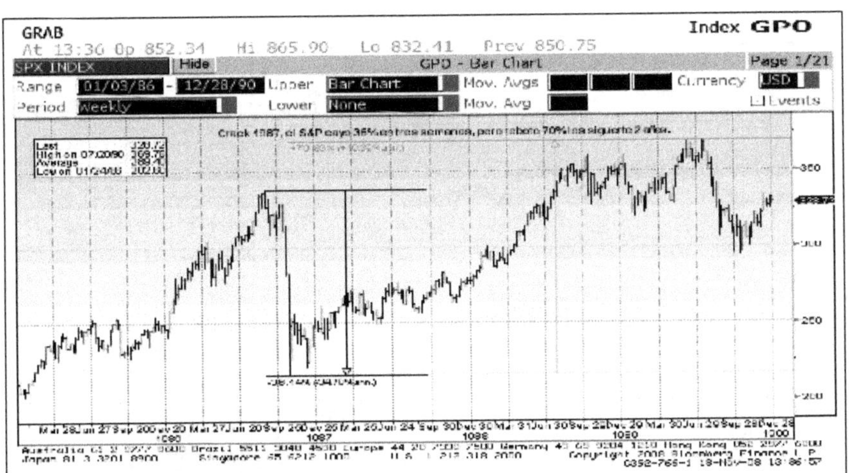

Fuente: Bloomberg

Ahora la de 2007, que fue acompañada de una recuperación más prolongada.

S&P 2000-2007

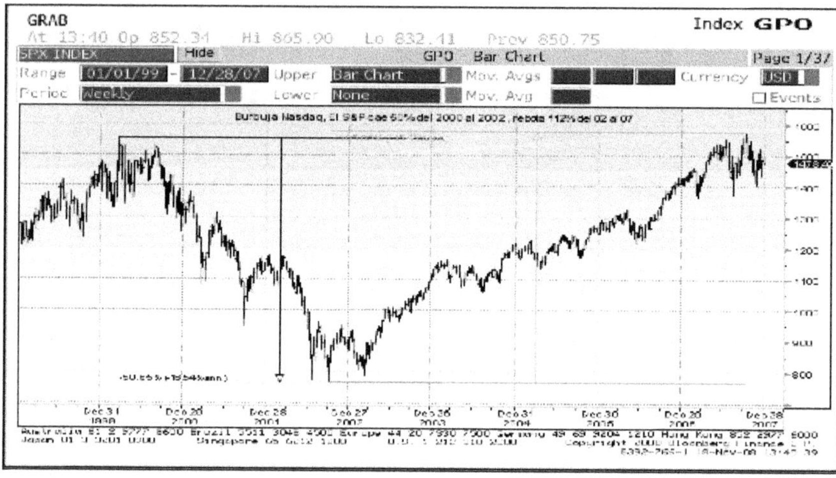

Fuente: Bloomberg.

¡Y he aquí la crisis de 2008! Ya vendrá el regreso… ¡Se lo garantizo! La oportunidad está presente.

S&P 2007–2009

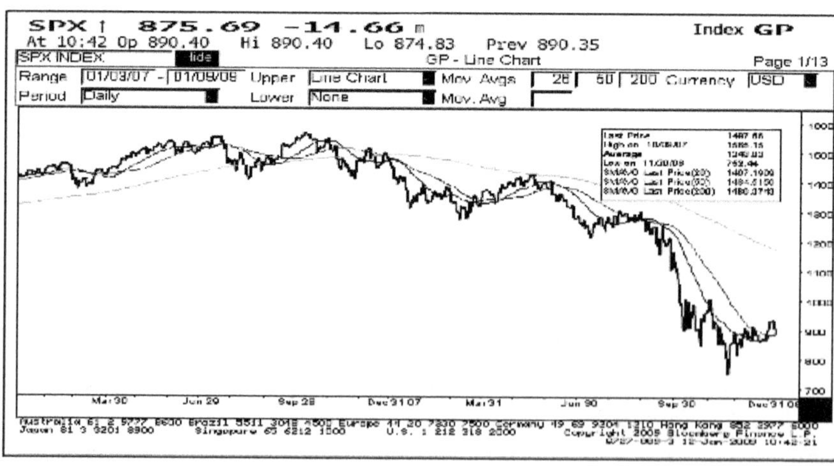

Fuente: Bloomberg

Glosario

Acciones: Valores representativos del capital social de una empresa. Significan una serie de derechos (dividendos) y obligaciones para su tenedor. A partir de cierta proporción (por lo general 10%), los tenedores pueden formar parte de los consejos de administración de una compañía. Existen diferentes series basadas en los derechos que otorgan y a las características (nacionalidad) de su tenedor potencial.
Act. Circ./Pas. C.P: Es una razón de circulante que indica el número de veces que los activos de corto plazo cubren a los pasivos de corto plazo.
ADR's: Abreviatura en inglés de «*American Depositary Receipt*». Son títulos que cotizan en Estados Unidos y que amparan a las acciones de empresas mexicanas. Recibo en el que se manifiesta que las acciones de una sociedad no estadounidense se tienen en depósito o están bajo control de una institución bancaria de Estados Unidos. Se usa para facilitar las transacciones de estas acciones en el mercado estadounidense y agilizar la transferencia de una acción fuera de ese país.
Ajustes por derechos: Modificaciones que se realizan a los precios históricos de una emisora. La modificación busca reconocer el impacto proporcional de dicho dividendo en el precio de la acción con el objeto de poder llevar a cabo comparaciones históricas entre los precios de una misma acción.
Análisis: Distinción y separación de un «todo» hasta llegar a conocer sus principios y elementos.
Anualizar: Convertir una tasa de interés que se obtiene en un plazo distinto de un año en su equivalente de un año ([Tasa de Interés/

Núm. de días de obtención] x 360 días). El cálculo busca homologar medidas con el objeto de hacerlas comparables entre ellas.

Arbitraje: Actividad que consiste en comprar y vender un valor aprovechando las diferencias de precio en diversos mercados o momentos, y cuya utilidad está libre de riesgo.

Balanza de pagos: Representa el resumen de todas las transacciones de bienes, servicios y movimientos de capital que tiene la economía con el exterior. Se compone de cuenta corriente, cuenta de capital y la variación de la Reserva del Banco Central. Se publica en forma trimestral, a los 50-60 días de terminado el periodo de referencia.

Balanza Comercial: Es el registro de las transacciones de bienes de la economía con el exterior. En él se presenta el comportamiento de las exportaciones e importaciones. Se da a conocer en forma mensual, a los 20-25 días después de terminado el mes de referencia.

Balance Fiscal: Es la posición final de la relación entre ingreso y gasto del Sector Público. Se publica en forma trimestral, 45 días después del trimestre de referencia.

Bolsa de valores: Institución autorregulada que tiene por objeto prestar a los intermediarios inscritos todos los servicios necesarios para que puedan realizar eficazmente las transacciones con valores de manera transparente, continua y ordenada, así como las demás actividades de intermediación.

Bonos: Valores representativos de deuda que se emiten a diferentes plazos.

BMV (Bolsa Mexicana de Valores): Lugar donde se operan las transacciones bursátiles en México.

Bursatilidad: Medida de la liquidez de un valor, asociada con la relativa facilidad para comprarlo y venderlo. Normalmente se evalúa a través del volumen e importe negociados, al mismo tiempo que se considera la frecuencia con la que se realizan las operaciones.

Calificadoras: Agencias autorizadas para evaluar y calificar el riesgo de los valores objeto de oferta pública, pudiendo ser de tipo gubernamental o privado.

Calificación: Valoración que realiza una agencia calificadora de riesgo sobre la capacidad de un emisor para pagar el capital y los intereses en los términos y plazos pactados en cada emisión. Dicha calificación se realiza bajo una metodología uniforme y no constituye una recomendación de inversión, sino que da una información

adicional (de riesgo) para ser considerado por el inversionista en sus decisiones de inversión. La calificación es obligatoria para las emisiones de deuda.
Capitalización: Valor total de mercado del capital social de una empresa. Su cálculo resulta de multiplicar el precio de la acción por el número de acciones totales.
Capitalización de mercado: Representa el valor total del mercado accionario medido por la suma del valor de mercado de todas las empresa que cotizan en él. El valor de mercado se obtiene multiplicando el precio de la acción por (x) el número de acciones de la empresa.
Cobertura: Estrategia diseñada para minimizar el riesgo.
Cobertura (liquidez): Muestra el número de veces que los flujos de efectivo en operación de la empresa cubren los pasivos de corto plazo más los intereses netos. Se calcula: Utilidad de operación + Depreciación + Caja/Pasivos a corto plazo + Intereses netos.
Crecimiento nominal: Es el crecimiento que resulta de comparar variables a pesos corrientes, es decir, que no toman en cuenta el índice de inflación.
Crecimiento real: Es el resultado de restar al crecimiento nominal el índice de inflación.
Cotización: Precio de negociación en el mercado de una emisora.
Cuenta corriente: Representa las transacciones de bienes y servicios de la economía con el exterior. Además de incorporar la balanza comercial, registra las transacciones con servicios (por ejemplo, el turismo), así como los pagos de intereses sobre la deuda externa y las transferencias del exterior (remesas de mexicanos en Estados Unidos), entre otros. Mide la necesidad (demanda) de divisas de la economía. Se publica como parte de la balanza de pagos.
Cuenta de capital: Registra las transacciones de flujos financieros con el exterior, como por ejemplo, las amortizaciones de la deuda externa, la inversión extranjera directa y de portafolio, entre otros. Mide la oferta neta de divisas que el país recibe. Se publica como parte de la Balanza de Pagos.
Derivados: Son instrumentos financieros cuyo valor proviene del precio de algún otro título o activo subyacente (tasas de interés, índices, *commodities*, etc.), cuyo precio se fija en un mercado distinto. Los instrumentos más comunes son: futuros, opciones, *swaps*.

Dilución: Es una disminución en la utilidad y activos de acción. Se produce cuando una empresa emite nuevas acciones en una proporción mayor que lo que crecen las utilidades; se decreta entonces un dividendo en acciones.

Diversificación: Estrategia que consiste en la distribución del riesgo mediante la inversión en diversos valores que no están correlacionados.

Dividendo: Pagos que las sociedades hacen a sus accionistas cuando obtienen utilidades. Proporción de las utilidades que anualmente genera una entidad y que a través de una asamblea se aprueba distribuir entre los accionistas de las mismas. Estos dividendos pueden ser en efectivo o en especie (acciones).

Ebitda: Abreviatura en inglés de utilidades antes de intereses e impuestos, depreciación y amortización (*Earnings Before Interests and Taxes, Depreciation and Amortization*). Es la utilidad operativa más depreciación.

Emisor: Entidad, empresas, gobiernos o compañías que realizan oferta pública de valores para recaudar fondos.

ETF's: Son fondos de inversión que tienen la particularidad de que cotizan en Bolsa, igual que una acción, pudiéndose comprar y vender a lo largo de una sesión al precio existente en cada momento sin necesidad de esperar al cierre del mercado para conocer el valor liquidativo al que se hace la suscripción/reembolso del mismo. Son conocidos por sus siglas en inglés ETF (*Exchange-Traded Funds*).

Especulación: Estrategia de mercado que consiste en comprar o vender por un intervalo de tiempo generalmente muy corto para aprovechar las variaciones de alza o baja en la cotización de un valor.

Evento relevante: Todo hecho, situación o información en el emisor que pudiera influir en el precio o en la decisión de un inversionista para negociar sus valores.

FEPA: Abreviatura del flujo de efectivo por acción; se calcula: Flujo de Efectivo/Número de acciones.

Finanzas: Término asociado con la obtención y uso del dinero.

Flujo de efectivo: Se calcula: utilidad después de partidas extraordinarias + Depreciación - Resultado por posición monetaria - (Pérdidas cambiarias x % de Pasivo a largo plazo).

FV (*Firm Value*): Indica el valor de la empresa, y se obtiene de la siguiente fórmula: Valor de mercado[1] + Pasivo con costo + (Participación minoritaria x P/VL) - Caja.[1] Se obtiene de multiplicar el número total de acciones de la empresa por el precio de mercado de la acción.

FV/EBITDA: Múltiplo que permite determinar el número de años en que a un ritmo de crecimiento de la utilidad de operación similar al actual, el precio de mercado de la empresa y su deuda con costo sería cubierta.

FVPA: Abreviatura del valor de la empresa por acción; se calcula: Valor de la empresa (FV)/Número de acciones.

Fibras: Fideicomisos de infraestructura y bienes raíces.

Futuros: Es un compromiso para comprar o vender un activo en un determinado plazo y a un precio anteriormente establecido.

Gobierno corporativo: Encomienda que directores ejecutivos de las emisoras del mercado de valores deben demostrar en cuanto a la transparencia y veracidad de sus actividades.

Índice: Indicador de la situación del mercado (o cualquier variable) el cual expresa en porcentajes las variaciones que experimentan las cotizaciones de los valores.

INEGI: Instituto Nacional de Estadística y Geografía. Esta institución ofrece información estadística sobre diferentes variables claves de la economía mexicana.

Inflación: Se define como un aumento general y constante de los precios, imputable a diferentes causas económicas.

INPC (Índice Nacional de Precios al Consumidor): Este indicador está compuesto por una canasta de precios representativos que sirve para medir la inflación.

Inversionistas institucionales: Tipo de inversionista que recibe recursos de terceros, principalmente para fines de inversión en el mercado de valores. Generalmente suelen operar grandes sumas de dinero.

IPO: Por sus siglas en inglés, «*Inicial Public Offering*». Ver **Oferta pública inicial**.

IPyC: Es el Índice de Precios y Cotizaciones de la Bolsa Mexicana de Valores. Distintas fuentes lo abrevian como IPC pero nosotros decidimos utilizar IPyC para no confundirlo con el Índice de Precios al Consumidor (Inflación). Es una muestra de las 35 emisoras más bursátiles que cotizan en la BMV.

Información privilegiada: El conocimiento de actos, hechos o acontecimientos capaces de influir en los precios de los valores, mientras tal información no se haya hecho de conocimiento público.
Interés minoritario: Porción de las utilidades consolidadas que quedan en manos de aquellos accionistas que poseen participación minoritaria en la empresa.
Liquidación: El proceso por el cual se realiza de manera efectiva el traspaso del título negociado y la cancelación de los montos resultantes en la transacción correspondiente.
Liquidez: Facilidad o dificultad para convertir en efectivo un título o valor.
Márgenes: Son indicadores que permiten conocer la eficiencia con la que la administración está manejando a la empresa.
Margen bruto: Porcentaje que resulta al dividir la utilidad bruta (ventas menos costo de ventas) entre ventas.
Margen neto: Porcentaje que resulta al dividir la utilidad neta entre ventas.
Margen operativo: Porcentaje que resulta al dividir la utilidad de operación entre ventas.
Mercado alcista: Comúnmente llamado en inglés «*Bull Market*». Se dice de un momento del mercado donde los precios tienen una tendencia a la alza.
Mercado bajista: Comúnmente llamado en inglés «*Bear Market*». Se dice de un momento del mercado donde los precios tienen una tendencia de baja.
Mercados emergentes: Mercados financieros de países en vías de desarrollo.
Mercado de valores: Comprende la oferta y demanda de valores representativos de activos financieros.
Mercado primario: Operaciones que implican la colocación inicial de emisiones de valores mediante las cuales los emisores obtienen financiamiento para sus actividades. Es decir, cuando los emisores originales de algún instrumento (valor) los ofrecen por primera vez a compradores interesados.
Mercado secundario: Operaciones que implican la transferencia de valores que previamente fueron colocados a través del mercado primario con el objetivo de propiciar liquidez a los tenedores de valores. Compra y venta de éstos entre participantes no originales

o emisores de dichos instrumentos. La oferta y demanda de los mismos origina alzas y bajas respecto a sus precios (cotizaciones) primarias (originales).
Minusvalías: Pérdidas generadas por una disminución del valor de una inversión. Mientras se mantiene la inversión, las minusvalías son potenciales. Deshacerla supone la realización de las minusvalías, al hacerse efectivas las pérdidas.
Múltiplos: Indicadores que relacionan precios de mercado de una emisora respecto a partidas financieras de la misma (por ejemplo: FV/Ebitda = Firm Value/Ebitda; P/U = Precio/Utilidad; P/VL = Precio/Valor en libros; etc.). Su interpretación general representa el número de años en que la generación anual de la partida financiera referida «cubre» o «recupera» el precio que se está pagando por la empresa. El análisis e interpretación de los mismos se conoce como valuación.
Oferta primaria: Colocación de valores que se negocia por primera vez en el mercado entre el emisor y los inversionistas a través de los intermediarios. Dichos recursos llegan al emisor.
Oferta pública inicial: Colocación de una nueva emisión de valores en el mercado.
Oferta secundaria: Oferta que tiene por objeto la transferencia de valores previamente emitidos y colocados en el mercado. Los recursos operados no llegan al emisor.
Oferta pública de adquisición: Es aquella que se realiza con el propósito de adquirir en un solo acto una cantidad determinada de sus acciones, para alcanzar una participación mayor o incrementar la actual.
Oferta pública de venta: Es aquella que se efectúa con el objeto de transferir al público inversionista valores previamente emitidos o adquiridos.
Opción: Contrato que otorga el derecho, pero no la obligación, de comprar o vender un activo subyacente en un plazo determinado mediante el pago de una prima.
Operación: Transacción de valores efectuada en el mercado de valores.
Pasivo total/Capital contable: Es una razón de apalancamiento y muestra qué porcentaje del capital está siendo financiado con pasivos.
PM30d: Abreviatura del promedio móvil de 30 días. Número que se calcula a partir de los 30 últimos precios de cualquier indicador (precio) y que en la práctica se utiliza para identificar (en una

gráfica) las tendencias del indicador al que se refiere. Herramienta empleada en el análisis técnico.

PIB (Producto Interno Bruto): Es el valor de la producción final de bienes y servicios, descontando los insumos requeridos en la producción. Es el indicador de actividad más representativo de una economía. En México se publica de manera trimestral, 45 días después del trimestre de referencia.

Precios al consumidor (inflación): El INPC es la medida más general de la inflación que mide el movimiento de los precios mediante una canasta de bienes y servicios finales que el Banco de México encuesta todos los días. Así, por ejemplo, la variación mensual representa el cambio promedio en los precios de la economía. El Banco de México pública en forma quincenal este indicador los días 10 y 25 de cada mes, referidos a la quincena anterior.

Prospecto de colocación: Documento escrito que tiene por finalidad recoger información completa sobre el emisor y los valores que se ofrecen con el objeto de que los potenciales inversionistas puedan tener un buen juicio sobre la inversión que se les propone.

Razones de apalancamiento: Indican el grado en el cual la empresa ha sido financiada mediante deudas.

Razones de circulante: Miden la capacidad que tiene la empresa para satisfacer sus obligaciones de corto plazo.

Razones financieras: Son relaciones que se determinan con base en los estados financieros de una empresa y son utilizados con fines comparativos.

Razones de rentabilidad: Miden la efectividad de la administración a través de los rendimientos generados.

Renta variable: Activos financieros que no tienen un vencimiento fijo y cuyo rendimiento variará según la influencia de diferentes variables.

Riesgo sistemático: Riesgo de mercado que no puede ser disminuido mediante la diversificación de activos.

Spread: Diferencial entre el precio de compra y el precio de venta de un activo.

Subsidiarias no consolidadas: Incorpora la parte de los resultados de aquellas empresas en las cuales la compañía no tiene control, es decir, que tiene una participación menor a 50%.

Suscripción: Contrato entre un intermediario de valores y una empresa emisora por medio del cual el primero se compromete a comprar una emisión o parte de ella para su posterior venta.
Swap: Intercambio de flujos de caja entre dos partes, diseñado para compensar el tipo de interés o el riesgo cambiario.
Timing: Palabra en inglés utilizada como sinónimo de identificación del mejor momento (compra-venta) para actuar en los mercados financieros.
Tranche: Cada una de las etapas que conforman un programa de emisión de valores.
Ut. Neta/Activo Total: Mide el rendimiento sobre el capital invertido (activos) dentro de la empresa.
Ut. Neta/Cap. Cont.: Indica la rentabilidad en función a la inversión de los accionistas.
UOPA: Abreviatura de la utilidad de operación por acción; se calcula Utilidad de operación/Número de acciones.
UPA: Abreviatura de utilidades por acción; se calcula: Utilidad neta/Número de acciones.
Valor en libros: Valor intrínseco de las acciones de una sociedad. Se calcula restando a los activos totales el total de pasivos. Es sinónimo de capital contable.
VLA: Abreviatura del valor en libros por acción; se calcula: Valor en libros/Número de acciones.
Vencimiento: Periodo de tiempo entre la emisión de un título y la fecha en el cual se amortiza el valor.

www.ingramcontent.com/pod-product-compliance
Lightning Source LLC
Chambersburg PA
CBHW071445230926
51846CB00001B/353
* 9 7 8 6 0 7 9 3 8 0 9 5 3 *